Hesse · Gisbers: Linux Essentials

open source PRESS

Christian Hesse ▪ Michael Gisbers

Linux Essentials

Vorbereitung auf die Prüfung des Linux Professional Institute

Bibliografische Information Der Deutschen Nationalbibliothek

Die Deutsche Nationalbibliothek verzeichnet diese Publikation in der Deutschen Nationalbibliografie; detaillierte bibliografische Daten sind im Internet über http://dnb.d-nb.de abrufbar.

Gesamtlektorat: Dr. Markus Wirtz
Fachlektorat: Markus Feilner
Satz: Open Source Press (LaTeX)
Umschlaggestaltung: Olga Saborov, Open Source Press
Gesamtherstellung: Kösel, Krugzell

ISBN 978-3-941841-68-0 http://www.opensourcepress.de

Inhaltsverzeichnis

Vorwort

Linux ist als freie Alternative zu kommerziellen Betriebssystemen (engl. *Operating System* oder kurz *OS*) wie MS Windows oder Mac OS X in aller Munde und insbesondere im professionellen Server-Umfeld weit verbreitet. Auch auf dem heimischen PC ist es mit einer Fülle ebenfalls freier Anwendungen für Büro bis Multimedia eine kostengünstige und zugleich technisch ausgezeichnete Wahl.

Der Einstieg fällt allerdings nicht leicht, denn einige Konzepte unterscheiden sich zum Teil deutlich von der Arbeit in der vielleicht gewohnten Desktop-Umgebung. Das Open-Source-Betriebssystem[1] ist Unix nachempfunden, einem für die Verhältnisse der IT-Welt steinalten OS, das seit den 1960er Jahren für Großrechner entwickelt wurde. Es hat sich aber in den vergangenen Jahren immer mehr auch bei Administratoren, also Systemverwaltern, und Endanwendern durchgesetzt. Um souverän damit arbeiten zu können, sollten aber Computer-Neulinge ebenso wie erfahrene Umsteiger von anderen Plattformen einige grundsätzliche Dinge kennen und beachten – und genau hier setzt das vorliegende Buch an.

Es vermittelt einen Einstieg in die wichtigsten Konzepte, Befehle und Vorgehensweisen, die Sie für die ersten Arbeiten mit dem System brauchen und die Sie als Handwerkszeug auch bei der künftigen, vielleicht ja professionellen Arbeit mit Linux begleiten werden.

Als roter Faden dienen die Inhalte der Prüfung „Linux Essentials" des *Linux Professional Institute*[2] (LPI). 1990 in Kanada gegründet, ist das LPI eine Organisation, die weltweit professionelle Zertifizierungen rund um Linux anbietet. Mit dem Anspruch, nicht von einer einzelnen Linux-Variante (einer sogenannten *Distribution*) oder gar Firma abhängig zu sein, erreichen die Prüfungen hohe Akzeptanz bei Absolventen wie auch bei Unternehmen. Bis Anfang 2012 hat das Institut mehr als 300.000 Prüfungen durchgeführt und mehr als 100.000 Zertifikate ausgestellt.

Lag mit den inhaltlich aufeinander aufbauenden Zertifikaten LPIC-1, LPIC-2 und LPIC-3 der Fokus bislang auf der professionellen Systemadministration, hat das LPI im Sommer 2012 mit den „Linux Essentials" ein vor-

[1] Zu den Begriffen *Open Source* und *Free Software* erfahren Sie mehr in Kapitel 1.

[2] `http://www.lpice.eu`

bereitendes Zertifikat geschaffen. Es dient interessierten und engagierten Einsteigern als unabhängiger Nachweis ihrer Kenntnisse und Fähigkeiten. Angesprochen sind somit insbesondere Jugendliche, die in Schule, Berufsschule oder frühen Semestern ihre systematische Auseinandersetzung mit Linux dokumentieren möchten.

Das Buch erfüllt damit einen doppelten Zweck: Es ist eine allgemeine Einführung in die Systemadministration mit Linux und zugleich eine gezielte Vorbereitung auf die Prüfung des LPI. Das gilt für das Selbststudium übrigens ebenso wie für die Vorbereitung in Kursen: Die vom LPI-Lehrplan vorgegebene Systematik, die verständliche und konzentrierte Aufbereitung des Stoffes wie auch die direkte Arbeit mit dem System auf der beiliegenden DVD machen das Buch zu einem vollständigen, in sich geschlossenen Lehrmaterial. Indem Sie das Linux-System auch als Live-System von der DVD starten, ohne Änderungen an der Festplatte des Rechners vornehmen zu müssen, können Sie auch dort arbeiten, wo andere Systeme installiert und Festplatteninstallationen nicht erlaubt sind!

Entsprechend der Entstehung und Verbreitung von Linux als freie Software sind manche Themen nicht rein technischer Natur, sondern betrachten die Umgebung und den Aufbau von Linux, der Distributionen und die angewandten Lizenzen. Doch auch die Technik kommt natürlich nicht zu kurz; viele Arbeiten spielen sich auf der *Konsole* ab, mit Programmen, die Sie durch Eingaben über die Tastatur aufrufen. Die Bedeutung eben dieser *Kommandozeile* macht einen erheblichen Unterschied zu anderen Systemen aus und bedarf darum einiger Erläuterungen. Sie werden jedoch rasch ein Gespür dafür entwickeln, wie viel Flexibilität und Kombinationsmöglichkeiten Ihnen diese Arbeitsweise eröffnet.

Wir, die Autoren dieses Buches, sind Berufsadministratoren und seit vielen Jahren im Linux-Umfeld tätig. In unserer Freizeit organisieren wir Linux-Stammtische und -Themenabende für die von uns gegründete *Linux User Group* (LUG) in Oberhausen[3] und helfen bei der Organisation der Veranstaltung „OpenRheinRuhr – Ein Pott voll Software“[4], die sich die Verbreitung freier Software auf die Fahnen geschrieben haben. Sie erhalten von uns folglich unmittelbaren Einblick in die Praxis und profitieren hoffentlich auch von unserer langjährigen Erfahrung als Dozenten in diesem Bereich.

Die einzelnen Kapitel des Buches sind in sich abgeschlossen und lassen sich darum wahlweise sequentiell oder auch einzeln erarbeiten. Es sei jedoch empfohlen, sich zunächst mit den Grundlagen der Kapitel 1 bis 3 zu beschäftigen, bevor Sie auf den folgenden Seiten in die Tiefen der Konsole eintauchen.

Am Ende jedes Kapitels finden Sie Fragen, die der Kontrolle und Festigung des behandelten Stoffes dienen. Dies sind selbstverständlich keine origi-

[3] `http://www.lugor.de`
[4] `http://www.openrheinruhr.de`

nalen Prüfungsfragen des LPI, aber einige entsprechen diesen in Aufbau und Wortwahl. Der Anhang bietet neben der Beschreibung der beiliegenden DVD und den offiziellen Prüfungsanforderungen des LPI ein Glossar zu den wichtigsten Fachbegriffen.

Wir wünschen Ihnen Spaß beim Lesen und viel Erfolg für die Prüfung!

Christian Hesse und Michael Gisbers Oberhausen, im August 2012

1

Linux und seine Community

Linux ist mehr als nur ein Betriebssystem: Als „Kind des Internet“ ist es das Ergebnis weltweiter Zusammenarbeit von IT-Begeisterten, die nicht nur technische Interessen teilen. Als freie Software bietet Linux – wie Tausende weitere Anwendungen aus dem Open-Source-Kosmos – Entwicklern wie Nutzern die Möglichkeit der Teilhabe. Indem der Quellcode, also die von den Entwicklern in einer Programmiersprache verfasste Basis, einsehbar und sogar veränderbar ist, hat grundsätzlich *jeder* die Möglichkeit, Computerprogramme zu analysieren und sie seinen eigenen Bedürfnissen anzupassen. Grund genug also, in diesem einleitenden Kapitel auch einen Blick auf die Geschichte und die Philosophie hinter der Softwareentwicklung zu werfen.

Auch Fragen der Lizenzierung, also zu den rechtlichen Grundlagen der Nutzung und Weitergabe freier Software, behandelt dieses Kapitel; denn „frei“ oder „offen“ bedeutet keineswegs „rechtsfrei“. Es gibt Lizenzen, aber sie folgen einem ganz anderen Ansatz als jene kommerzieller Software.

Zunächst nähern wir uns aber von der technischen Seite und klären, was Linux eigentlich ist und welche Aufgaben es erfüllt.

1.1 Die Entwicklung von Linux

1.1.1 Was ist Linux?

Als *Betriebssystem* (engl. *Operating System*, kurz: OS) bezeichnet man eine Sammlung von Programmen und anderer Software, die die Hardware-Ressourcen eines Rechners steuern und für den Anwender nutzbar machen. Bekannte Betriebssysteme sind etwa die verschiedenen Ausgaben der *Windows*-Reihe von Microsoft, Apples *Mac OS X* und seine Vorfahren sowie das für Großrechner entwickelte *Unix*.

In diesem Sinne ist Linux eigentlich kein Betriebssystem, und damit klären wir sogleich ein weit verbreitetes Missverständnis auf. Genauer betrachtet ist es nämlich nur ein Teil des OS – wenn auch ein sehr komplexer und wichtiger Teil –, nämlich dessen Kern, der so genannte *Kernel*. Um eine Vorstellung davon zu geben, *wie* komplex dieser Kern ist: Eine aktuelle Version umfasst ca. 15 Millionen Code-Zeilen!

Den Linux-Kernel erweitern zahllose Programme, beispielsweise Hardware-Treiber. Erst durch diese Kombination und das Zusammenspiel der Komponenten entsteht das eigentliche Betriebssystem, das die IT-Welt heute unter dem griffigen Namen „Linux" kennt.

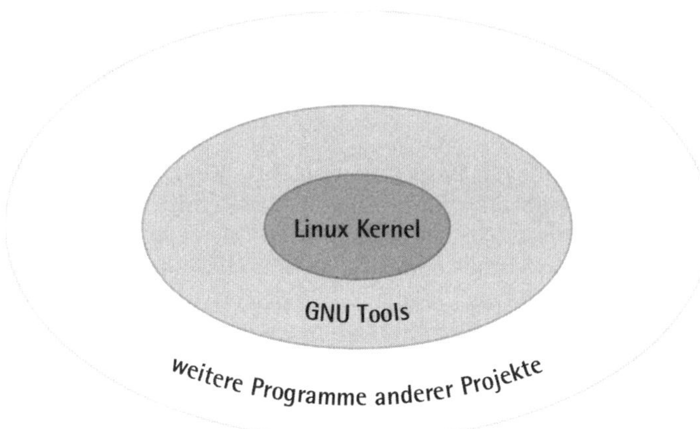

Abbildung 1.1: Eine vereinfachte Darstellung des GNU/Linux-Systems: Auf den Kernel und den GNU Tools bauen zahlreiche andere Programme auf.

Um der Tatsache gerecht zu werden, dass alle Linux-Varianten den Kernel mit anderen, notwendigen Tools kombinieren, die unter anderem das *GNU-Projekt*[1] entwickelt hat, verwenden manche Autoren statt der Bezeichnung „Linux" die technisch korrektere, aber etwas sperrige Schreibweise „GNU/Linux".

[1] `http://www.gnu.org`

Viele GNU Tools sind weitaus älter als Linux. Das GNU-Projekt hat Richard Stallman (Abbildung 1.2[2]) 1983 ins Leben gerufen; er tritt heute vehement für die seiner Meinung nach richtige Bezeichnung „GNU/Linux" ein.

Abbildung 1.2: Richard Stallman, der Gründer des GNU-Projekts

Der Begriff „Kernel" ist nicht nur im Linux-Umfeld gebräuchlich. Auch Microsoft Windows, Apple Mac OS X oder andere, Unix-ähnliche Betriebssysteme nutzen die Funktionalität eines Kernels als zentrale Kommunikationsschnittstelle zur Hardware, wobei die Hersteller recht unterschiedliche Ansichten haben, wie weit der Kernel reicht.

Einen Großteil der verfügbaren Hardware-Treiber haben die Linux-Entwickler direkt in den Kernel integriert, wodurch sie sich ohne weitere Eingriffe nutzen lassen. Auch ein Umzug von einer Hardware-Plattform auf eine andere ist, solange die Prozessorarchitektur (32- vs. 64-Bit, Intel-basiert vs. ARM) gleich bleibt, für Linux-Systeme normalerweise kein Problem. Der Administrator muss bei einem solchen Umzug in den meisten Fällen nur sicherstellen, dass das System die Treiber für die neue Hardware benutzt; die darüber liegende Software wird genauso funktionieren wie zuvor.

Manche Hersteller, insbesondere die von Grafikkarten oder Druckern, machen es allerdings unmöglich, die Treiber für ihre Geräte in den Linux-Kernel zu integrieren. Sie betrachten den *Quelltext* (engl. *Source Code*, also den Originalcode z. B. einer Treibersoftware) als Firmeneigentum und -geheimnis. Man bezeichnet solche Software als *proprietär* und deren Programmbasis als *Closed Source*. Im Gegensatz dazu legt *Open Source Software* (OSS) den Programmtext offen und erlaubt per Lizenz ausdrücklich, diesen zu kopieren oder gar zu verändern (siehe Seite 39).

[2] `http://stallman.org/Portrait_-_Denmark_DTU_2007-3-31.jpg` – Foto von Bill Ebbesen, 2007.

In der Regel ist der Installationsaufwand für Linux-Benutzer sehr gering, weil die meisten Distributionen – das sind vorkonfigurierte Sammlungen von Linux-Software (dazu mehr ab Seite 21) – automatisch passende Treiber einbinden oder proprietäre zumindest anbieten. Ein Linux-Einsteiger muss heute nicht erst lernen, wie er einen Linux-Kernel für sein Gerät erweitert.

Früher war das anders: Anfänglich bot kaum ein Hardware-Hersteller Treiber für Linux an. Unterstützung für ihre Hardware mussten die Entwickler freier Software durch *Reverse Engineering*[3] nachprogrammieren. Mittlerweile veröffentlichen viele Hersteller parallel zu ihren Produkten aktuelle Linux-Treiber, einfach weil ihnen Linux als Entwicklungsplattform dient.

Neben Hardware-Treibern beherbergt der Kernel aber auch die Unterstützung für zahlreiche Dateisysteme (siehe Seite 65), Netzwerkprotokolle und vieles mehr. Die Komplexität des Kernels übersteigt heute die Fähigkeiten von Hobby-Entwicklern bei weitem; Pflege und Weiterentwicklung des Systems liegen darum in der Hand hochspezialisierter Software-Architekten und Programmierer, von denen die meisten bei namhaften IT-Konzernen angestellt sind.

1.1.2 Open-Source-Philosophie

Hinter der Programmierung des Linux-Kernels steht ein großes Entwicklerteam, das der in den USA lebende Finne Linus Torvalds (Abbildung 1.3[4]) koordiniert. Torvalds war es auch, der 1990 die Idee hatte, eine Alternative zu den damals verfügbaren, kostenpflichtigen Unix-Betriebssystemen zu schaffen. Innerhalb kurzer Zeit programmierte der Informatikstudent einen eigenen Kernel, der zusammen mit den GNU Tools die einfachsten Funktionen eines Betriebssystems beherrschte. Nach kurzem Überlegen entschied sich Torvalds, seine Entwicklung unter der gleichen Lizenz wie die GNU Tools freizugeben. Ari Lemmke, ein Administrator an der Universität Helsinki, gab dem System wenig später den Namen „Linux".

Am 25. August 1991 stellte Torvalds seinen Programmcode der Öffentlichkeit vor und schrieb eine in der Linux Community mittlerweile legendäre E-Mail in der Newsgroup[5] `comp.os.minix`[6]:

3 Beim Reverse Engineering analysiert man die Funktionalität einer Software und entwickelt daraus „rückwärts" den zugrundeliegenden Code. Es ist also eine Art „Nachbau-Verfahren".

4 `http://commons.wikimedia.org/wiki/File:Linus_Torvalds,_2002,_Australian_Linux_conference.jpg` bzw. `http://commons.wikimedia.org/wiki/File:Linus_Torvalds,_2002,_Australian_Linux_conference2.jpg`

5 Newsgroups sind virtuelle Internetforen, in denen sich Benutzer über Textnachrichten ähnlich E-Mails zu festgelegten Themenbereichen austauschen.

6 Minix (`http://www.minix3.org`) ist ein freies Betriebssystem, das der Amsterdamer Professor Andrew S. Tanenbaum entwickelt. Über die unterschiedlichen Philosophien der beiden Systeme entwickelte sich im Lauf der Zeit eine unterhaltsame Diskussion zwischen den streitbaren Entwicklern Torvalds und Tanenbaum.

```
From: Linus Benedict Torvalds [email blocked]
Newsgroups: comp.os.minix
Subject: What would you like to see most in minix?
Date: 25 Aug 91 20:57:08 GMT

Hello everybody out there using minix -

I'm doing a (free) operating system (just a hobby, won't be big and
professional like gnu) for 386(486) AT clones.  This has been brewing
since april, and is starting to get ready.  I'd like any feedback on
things people like/dislike in minix, as my OS resembles it somewhat
(same physical layout of the file-system (due to practical reasons)
among other things).

I've currently ported bash(1.08) and gcc(1.40), and things seem to
work. This implies that I'll get something practical within a few
months, and I'd like to know what features most people would want.
Any suggestions are welcome, but I won't promise I'll implement
them :-)

                Linus (torva... at kruuna.helsinki.fi)

PS.  Yes - it's free of any minix code, and it has a multi-threaded fs.
It is NOT protable (uses 386 task switching etc), and it probably
never will support anything other than AT-harddisks, as that's all I
have :-(.
```

Abbildung 1.3: Linus Torvalds, Initiator und bis heute Hauptentwickler des Linux-Kernels

Zur großen Überraschung Torvalds' begannen zahlreiche Freiwillige, ihn mit Kommentaren, Ergänzungen oder auch neuen Ideen bei der Entwicklung zu unterstützen. Schneeballartig wuchs das Projekt. Torvalds behält aber bis heute die Fäden selbst in der Hand, und nach Meinung vieler Beteiligten ist es sein Verdienst, dass Linux heute als größtes und erfolgreichstes Open-Source-Projekt gilt. Dabei regiert der Finne als „wohlwollender Diktator": Er ist bekannt für deutliche Worte, oder auch dafür, gar nicht zu reagieren, wenn ihm etwas missfällt. Gleichwohl genießt er unter Entwicklern wie Anwendern höchstes Ansehen, ja sogar Kultstatus.

Der Kernel trägt eine Versionsnummer aus drei durch Punkte getrennten Zahlen. Der erste Kernel von 1991 war 0.0.1, Mitte 2012 erschien Version 3.5.0. Seit der Version 2.6.12 haben sich mehr als 10.000 Entwickler eingebracht, und ihre Zahl steigt nach wie vor.

Wer an dem Projekt mitarbeiten will – mit Verbesserungen, neuen Ideen oder hilfreicher Dokumentation – kann über Mailinglisten mit anderen Entwicklern Kontakt aufnehmen. Informationen dazu und rund um den Linux-Kernel bietet die Webseite `http://www.kernel.org`. Es sei aber nochmals betont, dass der Linux-Kernel längst kein Projekt von Freizeit-Entwicklern und darum sicher keine Anlaufstelle für erste Open-Source-Erfahrungen mehr ist.

Die Anfänge des Linux-Kernels sind typisch auch für neue Open-Source-Projekte: Ein Entwickler gießt eine Idee in Programmcode und entscheidet sich, diesen zu veröffentlichen. Im Gegensatz zu proprietärer Software, wo eine Firma den Programmcode für sich behält, gibt er so anderen Interessierten die Möglichkeit, sich einzubringen, das Tool zu verbessern und zu prüfen, bevor es etwa in kritischen Bereichen zum Einsatz kommt.

Das Konzept, das erst mit dem Internet und dem schnellen, weltweiten Datenaustausch seine ganze Wirkung entfalten konnte, ist erfolgreich: Nicht nur der Linux-Kernel wird heute als Open-Source-Projekt betrieben, auch die meisten Komponenten des Linux-Betriebssystems sind Open Source ebenso wie viele anspruchsvolle Desktop-Anwendungen.

Motiv für all diese Entwicklungen war fast immer die Idee, die der GNU-Vordenker Richard Stallman bis heute nicht müde wird zu propagieren: Erst freie Software gibt dem Anwender volle Kontrolle über seine Arbeit und damit Freiheit, die weit über kostenlose Verfügbarkeit hinaus geht. Den Unterschied zwischen „kostenlos" und „frei", der im englischen „free" bisweilen verschwimmt, bringt Stallman in einem vielzitierten Satz auf den Punkt:

> To understand the concept, you should think of "free" as in "free speech" not as in "free beer".[7]

[7] `http://www.gnu.org/philosophy/free-sw.html` – frei übersetzt: Um das Konzept zu verstehen, sollten Sie bei „frei" an „Redefreiheit" denken, nicht an „Freibier".

Damit gewinnt die Idee der freien Software für Stallman und seine Mitstreiter eine soziale und sogar ethische Dimension – und genau darin unterscheiden sie sich von den Vertretern der Open-Source-Bewegung. Diese sehen in der Quelloffenheit von Software vor allem ein technisches Prinzip mit zahlreichen praktischen Vorteilen für die Entwicklung; weltanschauliche Fragen stehen hier nicht im Fokus, weshalb der Begriff „Open Source“ von Richard Stallman auch nicht als Synonym für „freie Software“ akzeptiert wird. Obwohl also beide Strömungen für frei verfügbaren Code eintreten, sind die Motive durchaus unterschiedlich und die Auseinandersetzungen bisweilen hitzig.

Der Einfachheit halber wollen wir hier die Differenzen nicht weiter verfolgen und verwenden die Begriffe „freie Software“ und „Open Source Software“ synonym. Das halten auch zahlreiche Veranstaltungen und Projekte so, die mit dem Kürzel FOSS (*Free and Open Source Software*) die gemeinsame Wurzel der gemeinsamen Arbeit betonen.

1.1.3 Distributionen

Mit der gewaltigen Anzahl von Open-Source-Projekten wuchs über die Jahre auch die Zahl der Bezugsquellen. Zwar ist es prinzipiell möglich, dass sich jeder Anwender sämtliche Bestandteile eines Linux-Systems samt Anwendungssoftware von den einzelnen Projektseiten zusammenstellt. Praktikabel und sinnvoll ist es allerdings kaum.

Abbildung 1.4: Das Projekt „Linux From Scratch“ erlaubt es dem kundigen Anwender, sein Linux-System wirklich „von Hand“ und in jedem Detail exakt konfiguriert zusammenzubauen.

Wer es dennoch versuchen möchte – unter Linux gilt der Satz: „Du *musst* nicht alles selbst machen, aber du *kannst*.“ – greift zu entsprechenden Anleitungen wie *Linux from Scratch.*[8] Dort erhält er detaillierte Erklärungen, welche Schritte zu einem lauffähigen System führen. Das geht sicher nicht einfach und schnell, doch der Lerneffekt ist nicht zu unterschätzen.

Weil dieser Vorgang so umfangreich und umständlich ist – schließlich sind buchstäblich Tausende Programme aufeinander abzustimmen, die weitgehend unabhängig voneinander entwickelt werden – hat die Linux Community so genannte *Distributionen* (von lat. „distribuere", also „verteilen") hervorgebracht.

Sie vereinfachen und automatisieren viele Schritte, die bei den meisten Anwendern identisch ablaufen, und erwarten vom Benutzer bei der Linux-Installation nur noch wenige Eingaben. Software findet sich in Distributionen *paketiert.* Das heißt, der Hersteller der Distribution hat für die verschiedenen Projekte einzelne Software-Pakete gebaut, die der Anwender über einen Paketmanager einfach hinzuladen oder entfernen kann. Die bisweilen sehr umfangreichen Sammlungen der Pakete werden meist zusammen mit einem Installationsprogramm als CD-ROM- oder DVD-Abbild über das Internet angeboten und umfassen die wichtigsten Projekte. Von einem solchen Medium, wie es ja auch diesem Buch beiliegt (siehe Seite 160) lässt sich ein *Live-System*[9] starten oder das System „klassisch" auf der Festplatte installieren.

Anders als bei proprietärer Software, wo es für jedes Programm in der Regel nur einen Hersteller gibt, existieren bei Linux diverse „Geschmacksrichtungen". Es gibt nicht *die* Linux-Distribution, sondern eine Vielzahl, und jeder Distributor hat sich in Sachen Benutzung oder Einsatzzweck spezialisiert. Viele Distributionen sind aus anderen entstanden und haben sich über die Zeit weiterentwickelt, und dieser Prozess ist längst nicht abgeschlossen.

Die älteste noch existierende Distribution ist *Slackware.* Heute spielt sie jedoch nur mehr unter eingefleischten Fans eine Rolle. Dennoch war sie die Basis für zahlreiche andere Distributionen. Fast ebenso alt ist *Debian,* ein wenig jünger *Red Hat.* Fast alle Linux-Varianten, die es in dieser Paketform gibt, leiten sich von diesen dreien ab, und nicht selten sind die Ableger deutlich erfolgreicher oder bekannter als die Ursprünge. So basierte *SUSE*-Linux dereinst etwa auf Slackware, und das beliebte *Ubuntu* ist ein Debian-Derivat.

Die Website DistroWatch[10] listet fortlaufend die meistgenutzten Linux-Varianten. Unter den dort genannten mehr als 100 Distributionen sollte sich für fast jeden Anwender die optimale Linux-Ausgabe finden lassen.

Die überwiegende Mehrheit der Linux-Distributionen ist aufgrund ihrer Lizenz kostenfrei verfügbar und darf frei heruntergeladen und installiert wer-

8 `http://www.linuxfromscratch.org`

9 Ein Linux-System, das von CD, DVD oder USB-Stick startet, ohne dass dafür eine Installation notwendig wäre.

10 `http://www.distrowatch.com`

den. Es gibt allerdings auch kostenpflichtige Varianten, bei denen die Hersteller aber kein Geld für die Software selbst verlangen dürfen, sondern nur für Verpackung, gedruckte Anleitungen, Support und eventuelle proprietäre Erweiterungen (vor allem für Unternehmensanwendungen). Dazu zählen etwa der *SUSE Linux Enterprise Server*[11] (SLES), *Red Hat Enterprise Linux*[12] (RHEL) oder der *Univention Corporate Server*[13] (UCS). Die Zielgruppe dieser Produkte sind Unternehmen, die den angebotenen Support mit garantierten Reaktionszeiten und Verpflichtungen seitens der Hersteller schätzen, auch weil dies für den sicheren Einsatz des freien Betriebssystems oftmals vorgeschrieben ist.

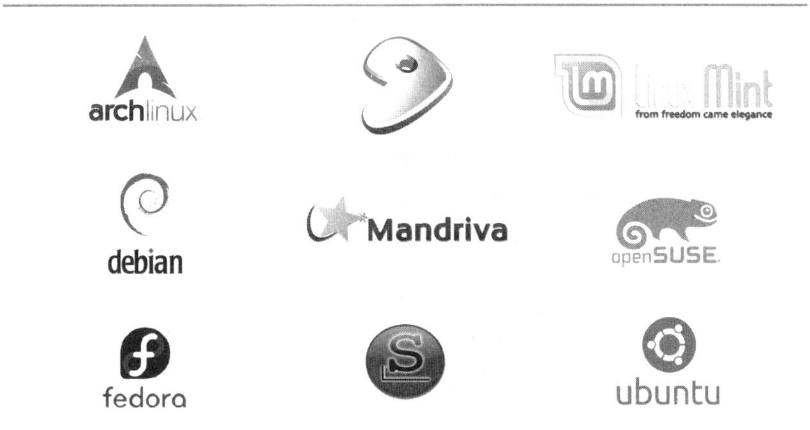

Abbildung 1.5: Die Logos einiger wichtiger Linux-Distributionen

Für Einsteiger und Privatleute eignen sich Distributionen wie Ubuntu[14] und openSUSE[15] oder deren Derivate, da sie wenig Vorkenntnisse über das Betriebssystem erfordern. Die Installation ist einfach gehalten, an einer grafischen Oberfläche hat der Anwender mit wenigen Klicks das Linux innerhalb von Minuten installiert und kann damit arbeiten. Auch die spätere Verwaltung des Systems kann er an der grafischen Oberfläche durchführen und muss nur selten auf textbasierte Konsolenkommandos[16] zurückgreifen, die in früheren Linux- und Unix-Zeiten der Standard für fast alle Benutzereingaben waren. Mit der Kommandozeile werden wir uns in den Kapiteln 2 und 3 noch ausführlich beschäftigen.

11 `http://www.suse.com`
12 `http://www.redhat.com`
13 `http://www.univention.de`
14 `http://www.ubuntu.com`
15 `http://www.opensuse.org`
16 Die *Eingabeaufforderung* oder *Konsole* ist eine textbasierte Benutzerschnittstelle. Hier gibt der Anwender meist einzeilige Befehle ein; der Rechner führt diese aus und antwortet mit textbasierten Rückgabewerten.

Häufig jedoch ging und geht die Benutzerfreundlichkeit von Distributionen zu Lasten klassischer Vorteile eines Linux-Systems. In manchen Fällen funktionieren Updates nicht mehr sauber, weil die grafischen Konfigurationswerkzeuge andere Ansätze verfolgen als die Linux-Tools darunter. Fortgeschrittene Benutzer greifen unter anderem wegen solcher Probleme eher zu Distributionen wie *Debian*[17], *CentOS*[18] oder *Sabayon*[19], die ihnen mehr und meist standardkonforme Anpassungen im Detail ermöglichen. Allerdings kommt der Anwender hier meist nicht ohne tiefergehende Systemkenntnisse aus. Dass er häufiger die bereits erwähnte Konsole zur Administration einsetzen muss, gilt unter diesen Experten keineswegs als Nachteil.

Andere Linux-Varianten sind speziell auf Entwickler zugeschnitten. *Arch Linux*[20] oder *Gentoo*[21] sind ohne Textkonsole nicht zu beherrschen. Wer diese Distributionen einsetzt, muss sich gut in der Linux-Welt auskennen. Dafür stehen ihm jedoch viele Möglichkeiten der Anpassung offen, die dem reinen Anwender verborgen bleiben.

Darüber hinaus bieten spezialisierte Distributionen Lösungen für fast alle Probleme. Die *System Rescue CD*[22] und *grml*[23] haben Entwickler extra für die Wiederherstellung und Reparatur von Linux- oder Windows-Systemen erstellt. Im Notfall sind sie so etwas wie die „Schweizer Taschenmesser" des Systemverwalters. Dazu gibt es Forensik-, Spiele- oder Demo-CDs, die einfach nur den aktuellen Stand der Software zeigen.

Eine allgemeine Empfehlung für eine Distribution kann es darum nicht geben. Umso hilfreicher sind Linux-Live-Systeme, die direkt von CD, DVD oder USB-Stick starten, ohne etwas am Rechner zu verändern. Unter den Live-Systemen genießt *Knoppix*[24] große Beliebtheit, auch weil ihr Initiator Klaus Knopper sehr viel Arbeit in die Hardwareerkennung und die Integration aktueller Treiber steckt. Auch die beiliegende DVD bietet ein Ubuntu-Live-System.

1.1.4 Embedded Systems

Neben Servern und Desktops kam in den vergangenen Jahren ein weiteres, stark wachsendes Einsatzgebiet für Linux hinzu: Embedded Systems[25].

17 `http://www.debian.org`
18 `http://www.centos.org`
19 `http://www.sabayon.org`
20 `http://www.archlinux.org`
21 `http://www.gentoo.org`
22 `http://www.sysresccd.org`
23 `http://www.grml.org`
24 `http://www.knoppix.de`
25 Eingebettete Systeme zeichnen sich durch sehr kleine, oft auch in der Leistung stark eingeschränkte Hardware-Bauteile aus. Sie sind meist für sehr spezielle Einsatzzwecke konzipiert und verlangen entsprechend angepasste Software.

Aufgrund seiner Stabilität und der vielen Möglichkeiten, Linux für minimale Anforderungen anzupassen, also abzuspecken, haben Entwickler von Embedded-Systemen früh auf Linux gesetzt. Mittlerweile existieren zahlreiche Linux-Plattformen, die sich in Geräten aller denkbaren Kategorien finden, von Routern über Satelliten-TV-Receiver, Fernseher, DVD-Player, Spielekonsolen, Telefonzellen, Recycling-Stationen, bis hin zu Informationssystemen in Autos, Bahnhöfen, Flughäfen und vieles mehr.

Eines der größten Einsatzgebiete für Embedded-Systeme ist der Mobilfunk. Hier hat die Linux-Distribution *Android*[26] des Internet-Giganten Google den Markt in Windeseile erobert und viele andere (auch hoffnungsvolle) Systeme hinter sich gelassen, um nun auch in der Automobil- oder Multimedia-Industrie Fuß zu fassen. Auch wenn der Benutzer es seinem Smartphone oder Tablet nicht ansieht, handelt es sich doch um ein Linux-Betriebssystem. Im Inneren werkelt ein Linux-Kernel, stark vereinfacht und mit hochspezialisierten Tools erweitert, um darauf die Android-Umgebung mit ihren Apps laufen zu lassen.

Abbildung 1.6: Jedes Android-Handy zeigt die Software-Version an – inklusive Linux-Kernel-Version, Buildnummer und sogar Rechnernamen des Entwicklers.

1.2 Wichtige Open-Source-Anwendungen

Wer mit Linux anfängt, findet nach erfolgreicher Installation in der Regel ein vom Distributor ausgewähltes Sortiment an Anwendungen vor, mit denen er sogleich arbeiten kann. Die Programme sind aber nicht distributionsspezifisch, sondern stammen normalerweise aus eigenständigen Open-

[26] `http://www.android.com`

Source-Projekten. Bei fast allen Distributionen findet der Anwender so auf seiner grafischen Benutzeroberfläche (*Desktop*) die gleichen Anwendungen für den gleichen Zweck.

Weil Windows-Programme nicht ohne Zusatzsoftware oder Tricks auf einem Linux-System funktionieren, haben Entwickler und Fans über die Jahre leistungsfähige Alternativen entwickelt. Einige davon haben es sogar geschafft, nicht nur unter Linux, sondern auch in der Windows-Welt populär zu werden und den Herstellern der kostenpflichtigen Alternativen mächtig Konkurrenz zu machen.

1.2.1 Dokument-Verarbeitung

Eine der umfangreichsten und wohl auch ältesten Open-Source-Anwendungen kommt aus dem Bereich Dokument-Verarbeitung und wird von zahlreichen Entwicklern seit beinahe zwei Jahrzehnten stetig verbessert: *OpenOffice*[27].

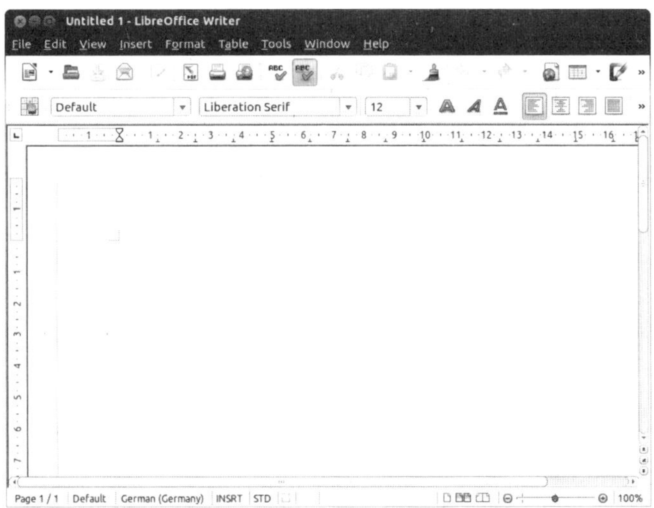

Abbildung 1.7: Eine Alternative zu proprietären Office-Suiten: LibreOffice Writer unterstützt viele Formate und bietet Textverarbeitung mit vollem Funktionsumfang.

Die umfangreiche Software hat eine bewegte Geschichte hinter sich, zu der im Jahr 2010 auch die Abspaltung eines neuen Projekts unter dem Namen *LibreOffice* gehört. Beide Office-Pakete sind aufgrund derselben Code-Basis in Aufbau und Bedienung bislang nahezu identisch, und beide können sich sehr gut mit dem kommerziellen Marktführer *Microsoft Office* messen. Sie bieten an einigen Stellen sogar deutlich mehr Funktionen, in selteneren Fällen jedoch auch Einschränkungen.

[27] `http://www.openoffice.org`

OpenOffice und LibreOffice beherrschen das Öffnen, Bearbeiten und Speichern von Dokumenten der Textverarbeitung, Tabellenkalkulation oder Präsentation auch in Microsofts Office-Format. Das macht es leicht, auch von Linux aus Dokumente mit dem Quasi-Industriestandard auszutauschen. Die Kompatibilität[28] ist allerdings nicht vollkommen gewährleistet. Vor allem anspruchsvollere Arbeitsweisen wie Makros, Verweise oder Formatvorlagen machen Probleme: Microsoft verwendet hier eine eigene Programmiersprache, die den Austausch verhindert. Doch für die überwiegende Zahl an Texten, Tabellen, Grafiken oder Präsentationen reichen die Austauschmöglichkeiten völlig aus.

Wie bei Linux gilt auch für Office-Programme: Es gibt zahlreiche Tools, die teilweise umfangreiche Funktionen bieten und gleichermaßen zum Ziel führen. Doch OpenOffice/LibreOffice hat sich in den letzten Jahren zum Standard entwickelt, vor allem dank seiner Plattformunabhängigkeit.

1.2.2 Webbrowser

Auf nahezu allen Plattformen hat sich *Mozilla Firefox*[29] als Browser einen Namen gemacht. Der „Feuerfuchs" läuft auf Windows, dem Mac, auf Linux und anderen Unix-Systemen, aber auch auf dem Smartphone-Betriebssystem Android.

Abbildung 1.8: Mozilla Firefox zeigt die unter Ubuntu vorkonfigurierte Startseite, eine modifizierte Google-Suche.

[28] In diesem Fall beschreibt „Kompatibilität" die technische Fähigkeit, Daten und Dokumente zwischen verschiedenen Programmen (nahezu) unverändert auszutauschen.

[29] Die Mozilla Foundation (`http://www.mozilla.org`) ist eine Stiftung, die die Weiterentwicklung des Browsers Firefox sowie verschiedener anderer freier Tools zum Ziel hat.

Doch auch bei den Browsern bietet die Linux Community dem Anwender eine große Auswahl: Progamme wie *Rekonq, Opera, Google Chrome, Chromium, Epiphany* oder sogar schlanke, konsolenbasierte Browser wie *links* stehen zur Verfügung. Jede Linux-Distribution hat ihren Favoriten und macht diesen innerhalb ihrer Installation zum Standard (*Default*). Der Benutzer kann aber jederzeit einen beliebigen anderen installieren und zu seinem Standardwerkzeug erklären.

1.2.3 Kontaktmanagement

Neben der Arbeit in Office-Programmen und dem Surfen im Internet macht das Management von E-Mails, Kontakten und Terminen einen großen Teil der Arbeit am PC aus. Adressbuch, Aufgaben, Termine und E-Mails verwaltet innerhalb der KDE-Desktop-Oberfläche[30] die Anwendung *Kontact*[31] mit zahlreichen einzelnen Komponenten unter einer Oberfläche. Das Gnome-Projekt bietet für den gleichen Zweck *Evolution*[32] an.

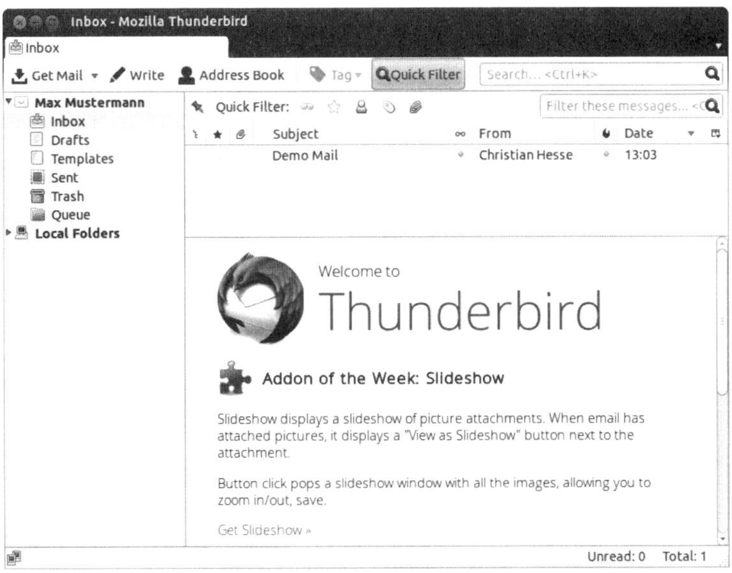

Abbildung 1.9: „Thunderbird", der E-Mail-Client des Mozilla-Projekts, beschränkt sich zwar auf den Nachrichtenaustausch, bietet jedoch viele Erweiterungen und umfangreiche Funktionen.

Neben derart komplexen Paketen, deren Funktionsumfang sich durchaus mit Microsoft Outlook messen kann, gibt es aber auch spezialisierte Tools.

30 Das *K Desktop Environment* KDE ist eine der beliebtesten grafischen Benutzeroberflächen (GUI) unter Linux. Die meisten Linux-PCs mit einer GUI nutzen entweder KDE (`http://www.kde.org`), *Gnome* (`http://www.gnome.org`) oder Ubuntus *Unity* (`http://unity.ubuntu.com`).

31 `http://userbase.kde.org/Kontact`

32 `http://projects.gnome.org/evolution/`

Für E-Mails hat wiederum das Mozilla-Projekt die plattformübergreifende Anwendung *Mozilla Thunderbird*[33] entwickelt. Mit zahlreichen Einstellungsmöglichkeiten und Features steht der „Donnervogel“ auf vielen Betriebssystemen zur Verfügung und erfreut sich auch dank seiner schnellen Suchfunktionen und hoher Stabilität großer Beliebtheit unter E-Mail-Nutzern.

Erweiterungen (*Addons*) bieten Kalenderfunktionen (*Mozilla Lightning*[34]), alternative Oberflächen (*Themes*) und die Anbindung an zentrale Adressbücher, wie sie Unternehmen typischerweise einsetzen.

1.2.4 Multimedia

Auch unter Linux stehen dem Benutzer zahlreiche Anwendungen für den immer wichtiger werdenden Multimedia-Bereich zur Verfügung. Das Erstellen und Bearbeiten von Grafiken und Fotos erlauben Tools wie *Gimp*[35] (Abbildung 1.10, *ImageMagick*[36] oder *Krita*[37].

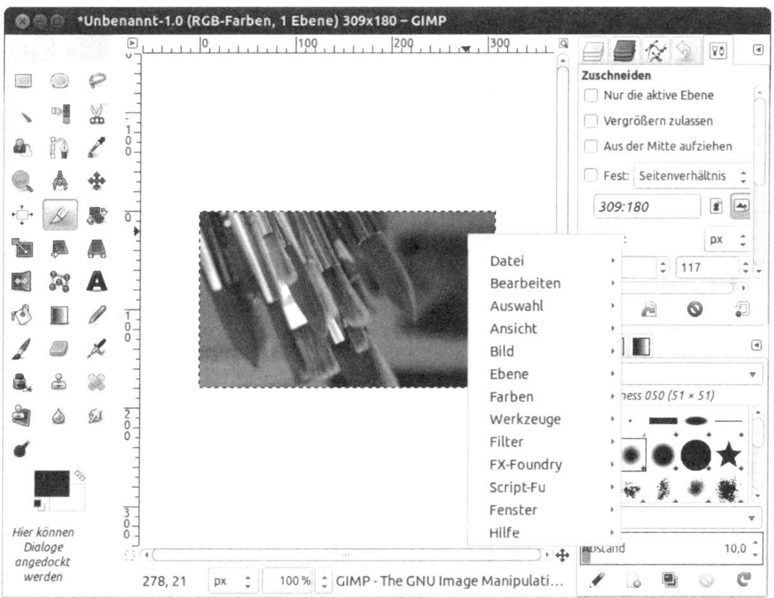

Abbildung 1.10: Das GNU Image Manipulation Program „Gimp“ erlaubt professionelle Bildbearbeitung und stellt eine Alternative zu Adobes Photoshop dar.

33 http://www.mozilla.org/de/thunderbird
34 http://www.mozilla.org/projects/calendar/lightning
35 http://www.gimp.org
36 http://www.imagemagick.org
37 http://www.krita.org

Software wie das KDE-Programm *Digikam*[38] (Abbildung 1.11) verwaltet Bildarchive und hilft unterstützend dabei, diese zu organisieren und die Inhalte der Bilder zu erkennen.

Abbildung 1.11: Digikam dient der Verwaltung von Bildarchiven.

Im Gegensatz zu Fotos, die in der Regel aus einem Raster von Bildpunkten (*Pixel*) bestehen, organisieren Vektorgrafiken Bilder aus einfachen grafischen Elementen wie Linien und Kreisen.

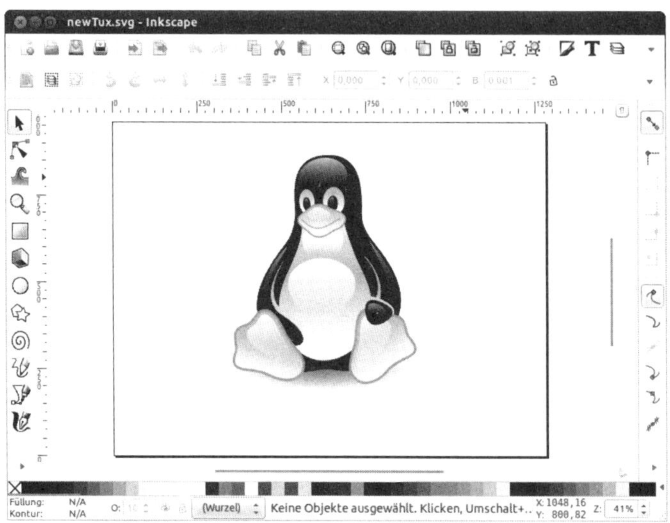

Abbildung 1.12: Mit „Inkscape" (vergleichbar mit Adobe Illustrator) bearbeitet der Anwender Vektorgrafiken, hier das Linux-Maskottchen Tux.

38 `http://www.digikam.org`

Wo bei Pixelgrafiken darum beim Vergrößern schnell unerwünschte Treppeneffekte oder Unschärfen entstehen, lassen sich Vektorgrafiken ohne Qualitätsverlust beliebig skalieren. In vielen Fällen, zum Beispiel beim Abbilden geometrischer Objekte, ergeben sich weitere Vorteile: Vektorgrafiken sind in solchen Fällen deutlich kleiner als Rastergrafiken. *InkScape*[39] (Abbildung 1.12) bietet umfangreiche Möglichkeiten zum Bearbeiten von Vektorgrafiken.

Zum Bearbeiten von Audio-Material, zum Beispiel von MP3-Dateien oder eigenen Aufnahmen, leistet *Audacity*[40] (Abbildung 1.13) wertvolle Dienste.

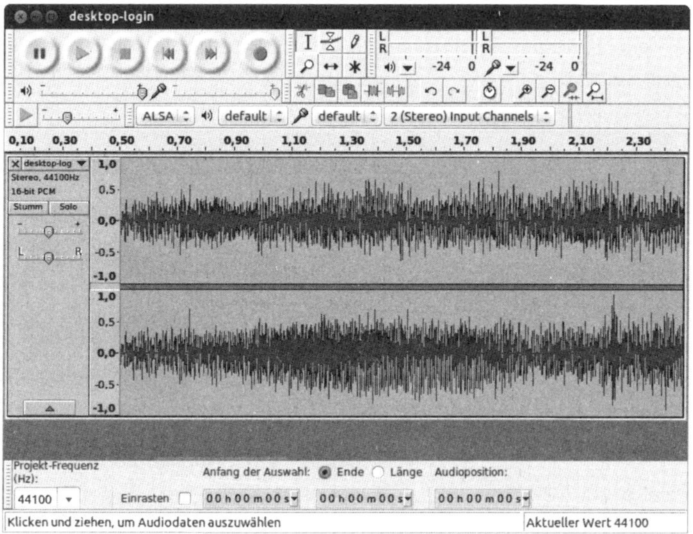

Abbildung 1.13: Beim Bearbeiten und Schneiden von Sounddateien hilft Audacity mit zahlreichen Funktionen.

Zur fortgeschrittenen Videobearbeitung bieten sich Open-Source-Anwendungen wie *Kino*[41], *Cinelerra*[42], *Lives*[43], *OpenShot*[44] oder auch *KDenlive*[45] an. Gerade in diesem Feld haben die freien Systeme in den letzten Jahren – nicht zuletzt dank der stetig zunehmenden Verbreitung von Linux-Systemen auch an Arbeitsplätzen in Unternehmen – große Fortschritte gemacht.

Auch eigene Animationsfilme auf höchstem Niveau kann der versierte 3D-Designer mit freier Software erstellen. Die komplexe Anwendung *Blender*[46]

39 `http://www.inkscape.org`
40 `http://audacity.sourceforge.net`
41 `http://www.kinodv.org`
42 `http://cinelerra.org`
43 `http://lives.sourceforge.net`
44 `http://www.openshotvideo.com`
45 `http://www.kdenlive.org`
46 `http://www.blender.org`

bietet eine schier unendliche Vielfalt an Funktionen, die inzwischen auch die großen Trickstudios für ihre Filme entdeckt haben, wovon zahlreiche Kurzfilme auf der Blender-Homepage zeugen. Allerdings erfordert die Einarbeitung in das professionelle Rendering-Tool einige Geduld und Lernbereitschaft.

Will der Linux-Anwender Videos abspielen, so hat er ebenfalls die Auswahl: Neben dem auch auf anderen Betriebssystemen verbreiteten, handlichen und gleichzeitig umfangreichen *Video Lan Client* VLC[47] bieten sich Media Player wie *MPlayer*[48], *Rhythmbox*[49], *Banshee*[50] (Abbildung 1.14)oder *AmaroK*[51] an, wobei die letzten drei ihre größten Stärken in der Wiedergabe von MP3s, Streams und anderen Audio-Dateien sowie der Integration von Web-Diensten wie Amazon, der Wikipedia, Last.FM oder auch zu Webseiten mit Liedtexten haben.

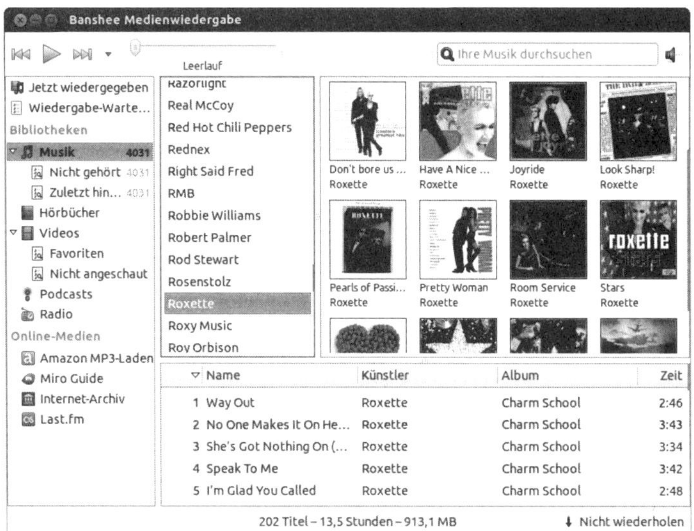

Abbildung 1.14: Banshee verwaltet eine Mediendatenbank und bietet viele Optionen beim Abspielen von Musik.

1.2.5 Server-Anwendungen

Wer den Desktop-Bereich verlässt und an Server-Anwendungen im Open-Source-Umfeld denkt, landet bald beim sicher beliebtesten Internet-Dienst: Webseiten. Tatsächlich arbeiten weltweit die meisten Webserver (je nach Studie bis zu 80%) mit Linux und freier Server-Software.

[47] `http://www.videolan.org`
[48] `http://www.mplayerhq.hu`
[49] `http://projects.gnome.org/rhythmbox/`
[50] `http://banshee.fm`
[51] `http://amarok.kde.org`

Dafür setzen die Administratoren fast immer auf eine Kombination von Programmen, die sich hinter dem Kürzel *LAMP* versteckt. Die Abkürzung steht für: Linux, Apache, MySQL und PHP. Linux ist das Betriebssystem, Apache der Webserver, MySQL die Datenbank und PHP die Skriptsprache.

Apache HTTP[52] (kurz: *Apache*) ist der meistgenutzte Open-Source-Webserver. Er läuft auf vielen Plattformen, darunter auch Microsoft Windows, und gilt als sehr flexibel und stabil. Seine stetige Weiterentwicklung pflegt die Stiftung *Apache Foundation.*

Abbildung 1.15: Mozilla Firefox zeigt die Standardseite eines frisch installierten Apache Webservers.

Als eine der vielen möglichen Programmiersprachen fürs Web kommt häufig die mächtige Skriptsprache *PHP* zum Einsatz. Mit ihrer Hilfe betreiben Webentwickler einen Großteil der heute verfügbaren Webseiten, von Foren bis zu Online-Shops.

Um die gewünschten Daten aus einem großen Datenbestand dynamisch in Webseiten zu integrieren (beispielsweise die Produktbeschreibung in einem Online-Shop), muss dieser Datenbestand gut strukturiert und schnell abzufragen sein. Dazu braucht es eine Datenbank. Neben den proprietären und kostspieligen Produkten von Oracle haben sich die freie Community Edition von *MySQL*[53] und *PostgreSQL*[54], aber auch kleinere Projekte wie *SQLite*[55] als Open-Source-Alternativen etabliert.

52 `http://www.apache.org`
53 `http://www.mysql.com`
54 `http://www.postgresql.org`
55 `http://www.sqlite.org`

Während Webserver dem Besucher im Browser Informationen bereitstellen, gibt es auch Server, die vor allem im Unternehmen oder in einem lokalen Netz Dateien im Team nutzbar machen. Die Dienste eines solchen File- oder Dateiservers gehören zu den ältesten Anforderungen, die die Vernetzung von Rechnern stellte – und Linux hat auch hier einiges zu bieten.

Neben NFS (*Networking File System*), das schon Unix-Systemen als netzwerkbasiertes Dateisystem zur Verfügung stand, oder FTP (*File Transfer Protocol*) gibt es seit Jahren auch Implementierungen, die Speicherplatz auf dem Server in Microsoft-typischen Netzwerken mit Open-Source-Lösungen verfügbar machen. Nach einer schwierigen Anfangszeit, in der das *Samba*-Projekt[56] nur durch aufwändiges Reverse Engineering herausfinden konnte, wie Microsoft-Rechner untereinander kommunizieren, hat sich das nach dem SMB-Protokoll[57] benannte Projekt als echte Alternative etabliert und macht den Betrieb eines Linux-basierten Netzes für Microsoft-Clients unproblematisch.

Weitere wichtige Netzwerk-Dienste wie die Namensauflösung DNS[58] oder DHCP[59] können Administratoren mit den freien Server-Programmen *Bind* (DNS) und *DHCPD* (DHCP) konfigurieren.

Ein Verzeichnisdienst wie *OpenLDAP*[60], der wie ein Telefonbuch als zentrale Ablage von Benutzerdaten dient, Mailserver wie *Postfix*[61] oder *Dovecot*[62] sowie Druckdienste wie *CUPS*[63] komplettieren meist die Mindestanforderung an eine Unternehmens-IT. Verzeichnisdienste, Fileserver, E-Mail- und Druck-Server sind vollständig mit Open-Source-Anwendungen realisierbar, und ein solcher Server kann sich mit Microsofts „Small Business Server" messen, der die Produkte Active Directory und Exchange kombiniert. Die Linux-Alternative ist demgegenüber sogar kostenlos zu haben.

1.2.6 Entwicklungssprachen

Linux ist ein Betriebssystem, das vor allem unter Entwicklern hohes Ansehen genießt. Daher verwundert es nicht, dass die Anzahl der hier verfügbaren Entwicklungssprachen und -Tools sehr hoch ist.

[56] `http://www.samba.org`

[57] *S*erver *M*essage *B*lock, frühere Versionen waren auch als LAN-Manager oder NetBIOS bekannt.

[58] Alle Rechner im Internet habe eine eindeutige Nummer, unter der sie erreichbar sind. Diese so genannte *IP-Adresse* übersetzt das Domain Name System (DNS) in für Menschen einfacher lesbare Namen; so hat etwa der Server `www.kernel.org` die IP-Adresse `149.20.20.133`.

[59] Mit dem Dynamic Host Configuration Protocol erhalten Rechner automatisch die für die Teilnahme am Netz notwendige Konfiguration. Dafür sorgt ein DHCP-Server.

[60] `http://www.openldap.org`

[61] `http://www.postfix.org`

[62] `http://www.dovecot.org`

[63] `http://www.cups.org`

Bei der Softwareprogrammierung schreibt der Entwickler menschenlesbaren Code (Quelltext), der anschließend „irgendwie" ausgeführt werden und so seine Aufgabe erfüllen soll. Nach diesem „Irgendwie" unterscheidet man verschiedene Arten von Programmiersprachen.

Bei *Compilersprachen* wird der vom Entwickler verfasste und damit für Menschen lesbare Code von einem Programm, dem Compiler, in ein ausschließlich maschinenlesbares Format übersetzt. Das Ergebnis dieser Übersetzung kann dann das Betriebssystem verarbeiten. Ein wichtiger Vertreter dieses Typs ist die Sprache C, deren Code der *GNU C Compiler* umwandelt. Der Vorteil dieses Verfahrens liegt vor allem in der Geschwindigkeit: Der Maschinencode ist für das System unmittelbar und darum sehr schnell zu verarbeiten.

Doch es gibt auch Sprachen, die auf die Übersetzung durch einen Compiler verzichten und den Code unmittelbar („zur Laufzeit") auswerten und ausführen, die sogenannten *Interpreter- oder Skriptsprachen.*[64] Dies ist vor allem dann interessant, wenn Interaktion mit dem Benutzer oder anderen Anwendungen im Vordergrund steht. Beispiele für Sprachen dieses Typs sind etwa Perl, PHP, Python oder Ruby. Gerade bei Systemadministratoren sind diese Sprachen sehr beliebt, um Verwaltungsaufgaben in eigenen, kleinen Programmen (Skripten) zu vereinfachen oder zu automatisieren. In Verbindung mit den Möglichkeiten der bereits mehrfach erwähnten Kommandozeile ergeben sich vielfältige Einsatzgebiete.

Eine Zwischenform aus den genannten Typen sind Spachen wie zum Beispiel Java: Hier wird der Quelltext in einen Zwischencode (*Bytecode*) übersetzt und erst dann, zur Laufzeit, in Maschinensprache. Der Vorteil dieses Typs liegt in der Plattformunabhängigkeit, denn der Bytecode ist auf unterschiedlichen Systemen übersetzbar und damit ausführbar.

Die Sprachen, Compiler und zahllose Tools bis hin zu vollständigen Entwicklungsumgebungen stehen auf Linux-Systemen natürlich unmittelbar und (kosten)frei zur Verfügung.

1.2.7 Pakete und deren Verwaltung

Eine weitere Kategorie von Software ist für Distributionen essentiell. Der Administrator installiert Anwendungen für gewöhnlich nicht über eine Installationsroutine des Programms; vielmehr stellt die Distribution sogenannte *Pakete* bereit, die nicht nur die Software selbst enthalten, sondern auch alle notwendigen Informationen, um sie in das Gesamtsystem zu integrieren. Ein Beispiel: *gedit,* der Standard-Editor des Gnome-Desktop, ist teilweise in der Programmiersprache Python geschrieben. Will der Administrator nun das Paket `gedit` in einem Linux-System installieren, muss si-

[64] Beide Typen sind streng technisch betrachtet nicht identisch, werden aber häufig – so auch hier – synonym verwendet.

chergestellt sein, dass auch eine passende Python-Umgebung installiert ist oder wird. Eben diese Information – man spricht hier von *Abhängigkeiten* oder *Dependencies* – ist von der Distribution im `gedit`-Paket hinterlegt.

Der Vorteil dieser Paketverwaltung liegt auf der Hand: Eine zentrale Instanz im Betriebssystem kennt alle installierten Programme, deren Beziehung untereinander und die zugehörigen Dateien. Ist ein Programm nicht mehr gewünscht, wird das Paket mitsamt der nicht mehr benötigten Abhängigkeiten deinstalliert – im Dateisystem bleiben keine Rückstände.

Da der Paketverwaltung die Versionen aller installierten und zur Verfügung stehenden Pakete bekannt sind – und das sind bei einem Ubuntu Linux aktuell mehr als 30.000! – gestaltet sich auch ein Update ebenso einfach wie effektiv. Eine spezielle Software, der *Paketmanager*, aktualisiert auf Anweisung des Systemverwalters alle Pakete, die zwischenzeitlich eine Veränderung durch die Entwickler erfahren haben. Das Resultat ist ein System, dessen Einzelteile sich buchstäblich täglich aktualisieren lassen. Das trägt erheblich zu Stabilität und Sicherheit bei, denn auch eventuelle Sicherheitslücken schließt dieser Mechanismus.

Abbildung 1.16: Ubuntu bietet – nach Themen gegliedert – eine Übersicht über sämtliche Pakete.

Paketverwaltungen sind ähnlich vielfältig wie Distributionen, denn auch hier gibt es Alternativen; darum ist ein wenig Vorsicht geboten: Oft sind Pakete verschiedener Distributionen nicht zueinander kompatibel, obwohl sie sogar dasselbe Paketsystem verwenden. In der Praxis ist das aber selten von Belang, denn üblicherweise pflegt man ein System ausschließlich mit den Paketquellen der jeweiligen Distribution.

Die US-Firma Red Hat entwickelte für ihre Distributionen bereits seit den 1990er Jahren den *Red Hat Package Manager* (RPM). Dieses Format übernahm wenig später auch der ursprünglich deutsche, nun zu einem amerikanischen Konzern gehörende Distributor SUSE. So findet man Softwarepakete mit der Endung `.rpm` heute unter anderem bei openSUSE und Fedora.

Vom Debian-Projekt stammt das *Advanced Packaging Tool* (APT). Die Pakete mit der Endung `.deb` bilden heute die Grundlage für unzählige Distributionen, etwa auch für Ubuntu oder Mint.

Alle Paketverwaltungen sind auf der Konsole sehr einfach und sehr flexibel zu bedienen, so dass Administratoren mit nur wenigen Handgriffen Software installieren, aktualisieren oder löschen. Es gibt darüber hinaus auch komfortable grafische Frontends[65], in denen der Anwender mit der Maus die Pakete etwa zur Installation per Klick auswählt.

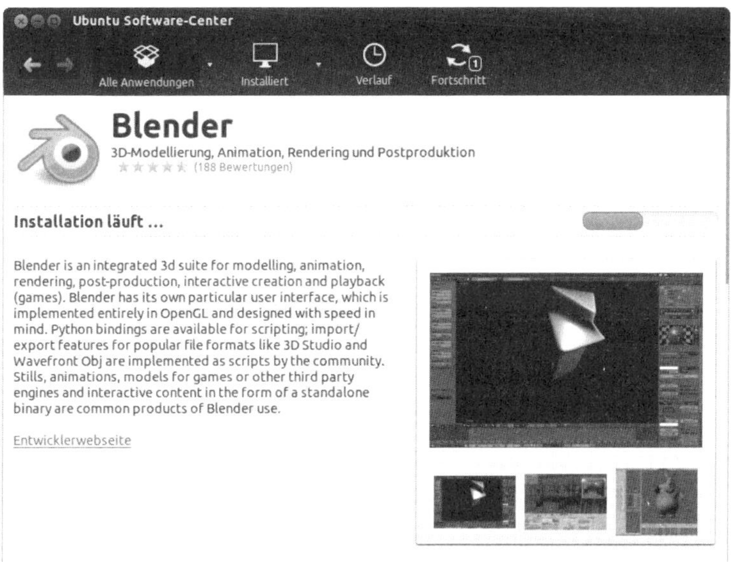

Abbildung 1.17: Das Ubuntu Software-Center installiert die Grafik- und Videosoftware Blender.

1.3 Open Source und freie Lizenzen verstehen

Die Möglichkeit, qualitativ hochwertige Software kostenlos herunterzuladen und zu benutzen, war für Privatanwender und zunehmend auch für

65 Das *Frontend* ist der für den Benutzer sichtbare und bedienbare (oft grafische) Teil eines Programms, während das nicht sichtbare *Backend* im Hintergrund die eigentliche Arbeit verrichtet.

Unternehmen seit den 1990er Jahren eine vollkommen neue Erfahrung. Sie (ver)führte aber dazu, die auch der freien Software zugrundeliegenden Lizenzen allzu leichtfertig zu übersehen. Manche missbrauchten sogar bewusst diese neue Freiheit, um den offenen Code in eigenen Produkten zwar zu nutzen, die Produkte selbst aber nicht – wie in den Lizenzen klar geregelt – wieder frei zur Verfügung zu stellen. Oft waren ihnen aber auch schlicht die mit der Quelloffenheit verbundenen Bedingungen und Verpflichtungen nicht bewusst.

Die Situation nahmen prominente „Evangelisten"[66] wie Harald Welte und Projekte wie GPL-Violations[67] zum Anlass, Lizenzverstöße bei freier Software aufzudecken. So gibt es mittlerweile eine Reihe von Gerichtsentscheidungen, die Verstöße gegen freien Lizenzen juristisch geklärt haben.

1.3.1 Organisationen

Der bereits erwähnte Richard Stallman hatte Mitte der 1980er Jahre mit seinem GNU-Projekt den Grundstein für die Entwicklung freier Software gelegt. Es bedurfte nach seiner Auffassung aber auch einer Organisation, die sich nicht nur technischen, sondern auch theoretischen, organisatorischen und rechtlichen Fragen des Phänomens annahm. So entstand ebenfalls bereits in den 1980er Jahren die *Free Software Foundation* (FSF), die bis heute mit zahlreichen regionalen Ablegern wie etwa der *Free Software Foundation Europe*[68] für die Interessen von Entwicklern und Nutzern freier Software eintritt.

Nach Stallman und der FSF definiert sich freie Software aus den folgenden vier Freiheiten:[69]

1. die Freiheit, das Programm zu jedem Zweck einzusetzen
2. die Freiheit, das Programm zu untersuchen und bei Bedarf anzupassen
3. die Freiheit, das Programm weiterzugeben, um seinem Nächsten zu helfen
4. die Freiheit, auch veränderte Versionen weiterzugeben

Dieser sehr weit gehende Freiheitsbegriff erweist sich gerade für Unternehmen, die die Entwicklung freier Software aktiv unterstützen, aber immer

66 Als „Evangelisten" bezeichnet man Personen, die sich um die Open-Source-Bewegung verdient gemacht haben und nun in Artikeln, Vorträgen und Workshops für deren Ziele eintreten.

67 `http://www.gpl-violations.org`

68 `http://fsfe.org`

69 `http://www.gnu.org/philosophy/free-sw.html`

wieder als problematisch, denn der Entwicklungsaufwand muss sich hier irgendwie und irgendwann auszahlen.

Mit einem deutlich pragmatischeren Ansatz und dem Ziel, freie Software auch für Firmen interessanter zu machen, gründeten namhafte Entwickler wie Eric S. Raymond, Bruce Perens und andere 1998 die *Open Source Initiative* (OSI).[70]

Bis heute wird die Frage, wie Unternehmen mit Open Source Software Geld verdienen können, heiß diskutiert, denn wie kann eine Firma beispielsweise Entwickler bezahlen, deren Arbeit an freier Software sie ebenfalls kostenlos zur Verfügung stellen muss? Eine Antwort hat die Praxis bereits vielfach gegeben: So kann zum Beispiel ein Distributor seine Pakete oder ein Entwickler seine Programme kostenfrei zur Verfügung stellen und über Dienstleistungen oder Support-Verträge Kunden bei Einrichtung, Wartung und Betrieb unterstützen und dafür Geld verlangen.

Das Anpassen und Weiterentwickeln der freien Software an die individuellen Erfordernisse der Kunden ist eine weitere Dienstleistung im Open-Source-Bereich. Im günstigsten Fall fließen die Anpassungen am Quellcode auch wieder an die Open-Source-Projekte zurück und verbessern so die Software für alle Anwender. Ist das der Fall, gehen die Änderungen im Fachjargon „upstream“.

Darüber hinaus versuchen einige Firmen über kostenpflichtige Erweiterungen freier Software Einnahmen zu erzielen. Freie und entsprechend lizenzierte Software wird also um nicht-freie Entwicklungen ergänzt, was wiederum eine Kombination freier und proprietärer Lizenzen verlangt; man spricht daher auch von *Dual-Licensing*-Modellen.

Schon diese wenigen Ausführungen machen deutlich, dass sich FOSS keineswegs im rechtsfreien Raum befindet; im Gegenteil: Jeder Anwender und Entwickler freier Software sollte einen Überblick haben, was er darf und was er nicht darf. Voraussetzung dafür ist die Kenntnis der wichtigsten FOSS-Lizenzen.

1.3.2 Lizenzen

Über die Lizenz legt der Urheber oder Schöpfer einer Software fest, wie Anwender und Entwickler mit seinem Werk verfahren dürfen. Eine weit verbreitete Form, die wohl jeder PC-Benutzer schon einmal gesehen und auch per Klick bestätigt hat, ist der so genannte *Endbenutzer-Lizenzvertrag*[71], den Unternehmen wie Microsoft oder Adobe vor die Nutzung ihrer Produkte stellen. Darin beschreibt der Hersteller Rechte und Pflichten des Benutzers. Meist überwiegen die Pflichten, also Einschränkungen im Zusammen-

70 `http://opensource.org`

71 Engl. *End-User License Agreement* (EULA).

hang mit Nutzung und Weitergabe, und nicht immer stehen EULAs mit den lokalen Gesetzen in Einklang. Entwickler, die neue Projekte anstoßen, nutzen meist bestehende Lizenzen, die ihren Bedürfnissen entsprechen, oder greifen auf die Lizenz eines übergeordneten Projekts zurück.

GPL

Bei Lizenzen für freie Software überwiegen meist die Rechte, die der Anwender zugesprochen bekommt. Eine der bekanntesten Lizenzen ist die *GNU General Public License* (GPL), die Richard Stallman ursprünglich für das GNU-Projekt entwickelte.[72] Heute ist sie in den Versionen 2 und 3 auch die grundlegende Lizenz für viele Open-Source-Projekte. Der Linux-Kernel beschränkt sich allerdings explizit auf Version 2. Über die Updates und Versionen haben sich die Grundaussagen der Lizenz nicht geändert und entsprechen den auf Seite 38 zusammengefassten vier Freiheiten.

Die Lizenz liegt jedem GPL-lizenzierten Code im Wortlaut bei; das bringt mit sich, dass auf jedem Linux-Rechner, aber auch auf immer mehr Windows- und Mac-Maschinen zahlreiche Kopien der GPL zu finden sind.

Bereits die ersten beiden Absätze machen die Idee der Lizenz klar:

```
                    GNU GENERAL PUBLIC LICENSE
                       Version 2, June 1991

 Copyright (C) 1989, 1991 Free Software Foundation, Inc.,
 51 Franklin Street, Fifth Floor, Boston, MA 02110-1301 USA
 Everyone is permitted to copy and distribute verbatim copies
 of this license document, but changing it is not allowed.

                            Preamble

  The licenses for most software are designed to take away your
freedom to share and change it.  By contrast, the GNU General Public
License is intended to guarantee your freedom to share and change free
software--to make sure the software is free for all its users.  This
General Public License applies to most of the Free Software
Foundation's software and to any other program whose authors commit to
using it.  (Some other Free Software Foundation software is covered by
the GNU Lesser General Public License instead.)  You can apply it to
your programs, too.

  When we speak of free software, we are referring to freedom, not
price.  Our General Public Licenses are designed to make sure that you
have the freedom to distribute copies of free software (and charge for
this service if you wish), that you receive source code or can get it
if you want it, that you can change the software or use pieces of it
in new free programs; and that you know you can do these things.
```

72 `http://www.gnu.org/licenses/gpl.html` – Auch eine (inoffizielle) deutsche Übersetzung gibt es: `http://www.gnu.de//documents/gpl.de.html`

Ein großer Vorteil von unter der GPL freigegebenem Code ist, dass dieser dauerhaft frei bleibt. Dieses Prinzip, das auch andere freie Lizenzen verfolgen, ist als *Copyleft* bekannt und bildet bereits im Namen einen deutlichen Gegensatz zum üblichen, auf Restriktion setzenden *Copyright.*

LGPL

Für manche Softwareprojekte, besonders im Bereich von Funktionsbibliotheken, erwies sich die GPL allerdings als zu restriktiv. Für solche Spezialfälle hat die FSF die *GNU Lesser General Public License* (LGPL)[73] entwickelt. Hier bleiben die Freiheiten der GPL zwar erhalten, aber es ist möglich, in ein LGPL-lizenziertes Projekt auch proprietären Code einzubinden – was die GPL ausdrücklich nicht gestattet.

GPL und LGPL sind bei weitem nicht die einzigen Lizenzen für freie Software. Einen guten, strukturierten Überblick bietet die Webseite des *Institut für Rechtsfragen der Freien und Open Source Software.*[74]

BSD-Lizenz

Eine weitere, sehr verbreitete Lizenz stammt aus dem Umfeld der BSD-Distributionen. Entwickler an der Universität von Kalifornien in Berkeley hatten bereits in den 1970er Jahren mit der Entwicklung eines (mehr oder weniger) freien Unix-Systems begonnen; die *Berkeley Software Distribution* (BSD)[75] wurde später zum Namensgeber einer Reihe freier Unix-Varianten.

Die BSD-Lizenz erlaubt Anwendern und Entwicklern einen sehr freizügigen Umgang mit dem Sourcecode. Da sie – im Gegensatz zur GNU GPL – nicht verlangt, dass modifizierter Code auch wieder veröffentlicht wird, ist sie insbesondere für Unternehmen interessant: BSD-lizenzierter Code lässt sich damit nämlich um proprietäre Teile erweitern und vermarkten. Eines der bekanntesten Beispiele für dieses Verfahren ist das Betriebssystems *Mac OS X* von Apple.

Apache-Lizenz

Auch die Apache-Lizenz,[76] der neben dem Apache Webserver (vgl. Seite 33) viele weitere Projekte der Apache Foundation, aber beispielsweise auch das mobile Betriebssystem *Android* unterliegen, ähnelt der BSD-Lizenz. Auch hier muss modifizierter Code nicht ebenfalls unter der Apache-Lizenz veröffentlicht werden.

73 `http://www.gnu.org/licenses/lgpl.html`
74 `http://www.ifross.org/lizenz-center`
75 `http://www.bsd.org`
76 `http://www.apache.org/licenses/LICENSE-2.0`

Mozilla Public License

Eine Mischung zwischen BSD-Lizenz und GPL stellt die *Mozilla Public License* (MPL)[77] dar, unter der auch Firefox und Thunderbird stehen. Sie verlangt, dass Code, der einmal unter MPL erstellt wurde, auch unter MPL weiterzugeben ist. Andererseits kann der Entwickler – ganz wie bei der BSD-Lizenz – anders lizenzierten Code dem MPL-Projekt hinzufügen. Sie schränkt also das Copyleft bei der Integration von Code ein.

1.4 Arbeiten mit Linux

Das LPI spricht in diesem Themenbereich auch von „IuK-Kenntnissen", also Grundwissen im Bereich Informations- und Telekommunikationstechnologie. Gemeint sind damit Fertigkeiten, die Sie mehr oder weniger gut beherrschen sollten, sobald Sie einen PC in einem Netzwerk oder gar mit Internetanschluss bedienen. Tritt Ihr Rechner nämlich in Verbindung mit anderen, erreicht das Sicherheitsbedürfnis der Benutzer, aber auch die Verantwortung des Administrators eine neue Stufe.

Dann ist es wichtig, sein System zu kennen. Das bedeutet nun nicht, dass man Security-Experte sein muss, um im Internet zu Surfen, aber Sie sollten sich der Gefahren bewusst sein und vor allem wissen, welche Möglichkeiten Linux für die Systempflege an die Hand gibt. Oder anders: Wenn Sie wissen, wie ein Linux-System aufgebaut ist und funktioniert, wo Sie welche Art der Hilfe und Dokumentation finden und wie Sie ein System für die gestellten Aufgaben auswählen oder sogar daran anpassen, sind Sie auf dem besten Weg zu einem verantwortungsbewussten Administrator.

1.4.1 Desktop und Konsole

Im Linux-Umfeld ist es üblich, auf einem Server *keine* grafische Oberfläche zu benutzen. Meist verzichten Administratoren sogar darauf, eine Desktop-Umgebung wie Gnome oder KDE zu installieren. Sie nutzen ausschließlich die Textkonsole; das macht die Server schlanker und sicherer, weil weniger Software installiert, aktualisiert und abgesichert werden muss. Im normalen Server-Betrieb läuft eine überschaubare Anzahl an Prozessen, und diese lassen sich mit unzähligen kleinen Tools über die Kommandozeile wunderbar steuern.

Für Anwender haben Tausende Projekte verschiedene grafische Oberflächen (KDE, Gnome, Unity) und Anwendungen erstellt, die den Einstieg und die Arbeit mit Linux erleichtern. Nach dem Start eines Linux-Systems

[77] `http://www.mozilla.org/MPL/2.0`

fragt dieses den Anwender zunächst nach seinem Benutzernamen und seinem Kennwort, den sogenannten *Logindaten* oder *Credentials*. Dabei spielt es keine Rolle, ob sich der Anwender über die grafische Oberfläche oder an der Konsole anmeldet (siehe dazu auch Seite 50). Eine Ausnahme bilden hier Live-CD/DVDs, die standardmäßig zunächst keine Benutzerverwaltung mitbringen und direkt, ohne Anmeldung, mit einem fest voreingestellten Benutzer starten.

TIPP:
Auch wenn es die Oberfläche in den Einstellungen fast jeder Distribution ermöglicht, sollten sicherheitsbewusste Anwender die automatische Anmeldung, den so genannten *Auto-Login*, nicht benutzen. Beim Auto-Login hinterlegt das System eine Konfiguration für einen Benutzer, unter dessen Namen sich der Rechner automatisch anmeldet. Damit ist es *jedem*, der den PC einschaltet, möglich, auf die Daten des Benutzers zuzugreifen – auch einem Dieb, der einen Laptop gestohlen oder gefunden hat, stehen so der Rechner und *alle* Daten offen.

Nach der Anmeldung kann der Anwender die Oberfläche mit den ihm zugewiesenen Rechten nutzen und die Programme aus dem Menü aufrufen. Für die Arbeit auf der Konsole sind die Programme *Terminal*, *XTerm* oder *Konsole* interessant: Jedes dieser Programme öffnet ein Fenster, in dem der *Prompt*[78] auf Eingaben des Benutzers wartet. Tiefer in die Arbeit mit der Kommandozeile geht Kapitel 2 ein.

1.4.2 Webbrowser und Sicherheit

Webbrowser zählen zu den meistgenutzten Programmen auf grafischen Benutzeroberflächen. Trotz der Vielfalt der verfügbaren Programme ist *Mozilla Firefox* der aktuell beliebteste Open-Source-Webbrowser, der auch in fast allen Linux-Varianten voreingestellt ist.

Die Aufgabe eines Webbrowsers ist simpel: Der Benutzer ruft eine Webseite auf, der Browser lädt die Daten herunter und stellt die Seite dar. In der Anfangszeit des Internets war diese Aufgabe noch deutlich einfacher, denn es gab nur eine Version der heute noch für die Programmierung von Webseiten zuständigen Sprache *HTML*.[79] Diese Sprache haben Standardisierungsgremien und Unternehmen stetig weiterentwickelt und mit immer mehr Möglichkeiten versehen, Inhalte vielfältiger zu gestalten. Heute sind

[78] Als *Prompt* bezeichnet man eine Eingabeaufforderung, die meist vom Benutzernamen, dem Namen des Rechners und einem blinkenden Rechteck, dem *Cursor*, eingeleitet wird.

[79] Die *Hyper Text Markup Language* ist die Beschreibungssprache für Webseiten.

viele Webseiten kleine Kunstwerke und verlangen entsprechende Rechenleistung und Datenvolumen für die Anzeige.

Ein Browser fordert jedoch nicht nur Daten von Webseiten an, sondern übermittelt auch Daten an die Betreiber der Webserver. Gibt der Anwender in die Adresszeile des Webbrowsers eine Adresse ein, also zum Beispiel `http://linux-essentials.de`, dann teilt die Software dem Server auch mit, von wo aus der Anwender mit dem Server kommuniziert und welchen Webbrowser er verwendet, inklusive Version und Betriebssystem.

Viele Webseitenbetreiber nutzen diese Informationen, um dynamisch passende Inhalte und Darstellungen je nach Betriebssystem und Browser zu liefern. Mit zusätzlichen Aufrufen lassen sich auch Bildschirmauflösung und weitere Parameter abfragen, die der Webbrowser bereithält. Vor allem im Bereich der mobilen Geräte wie Smartphones und Tablets spielt diese Kommunikation eine wichtige Rolle.

TIPP:
Die Webseite `http://showipv6.de` bietet die Möglichkeit, sich die eigene IP-Adresse und die Informationen anzusehen, die der Browser an den Webserver liefert.

Einige der zu übertragenden Daten lassen sich in den Einstellungen des Webbrowsers abschalten. Das wiederum beeinflusst meist jedoch auch die Möglichkeiten der Darstellung. Manche Server lehnen sogar die Verbindung ab, wenn der Client, also der anfragende Webbrowser, bestimmte Grundvoraussetzungen nicht erfüllt.

Generell sollte der Anwender darauf achten, dass der Browser Daten an einen Webserver verschlüsselt überträgt – das gilt insbesondere für sensible Daten wie Adressen oder Zahlungsinformationen. Der Webbrowser kommuniziert dabei mit dem Webserver nur auf Grundlage eines (vom Server gelieferten) digitalen Zertifikats und eines damit erzeugten kryptographischen[80] Schlüssels. Dann hat ein Angreifer keine oder nur wenige Möglichkeiten, den übertragenen Datenstrom mitzulesen und auszuwerten; bei einer unverschlüsselten Verbindung gibt es beinahe keine Hindernisse, den Datenaustausch mitzuverfolgen.

Eine verschlüsselte Verbindung zu erkennen, ist in modernen Browsern sehr einfach: In der Adresszeile steht dann statt des Protokolls `http://` das sicherere `https://` („s“ für „secure“). Manche Browser blenden zwar diese Kürzel aus, färben dafür aber die Adresszeile ein oder zeigen ein spezielles Symbol, in der Regel ein kleines Vorhängeschloss oder einen Schlüssel. Auch im Eigenschaftsdialog der aktuell geladenen Seite kann sich der Anwender die Verbindungsinformationen anzeigen lassen.

[80] Kryptographie ist die Lehre von der Verschlüsselung von Informationen.

1.4.3 Websuche

Unzählige Suchmaschinen bieten ihre Dienste an und liefern nicht immer transparent – optimiert nach eigenen Kriterien – Informationen aus Webseiten, die sie regelmäßig automatisiert durchsuchen. Um die Suchmaschinen zu benutzen, reicht ein Webbrowser. Mozilla Firefox integriert beispielsweise ein eigenes Eingabefeld (rechts oben) für die Suche, ohne dass der Anwender zunächst auf die Webseite eines Suchmaschinenbetreibers wechseln muss. Entweder per Rechtsklick oder über das Einstellungsmenü kann der Benutzer seine bevorzugte Suchmaschine auswählen, meist ist Google voreingestellt.

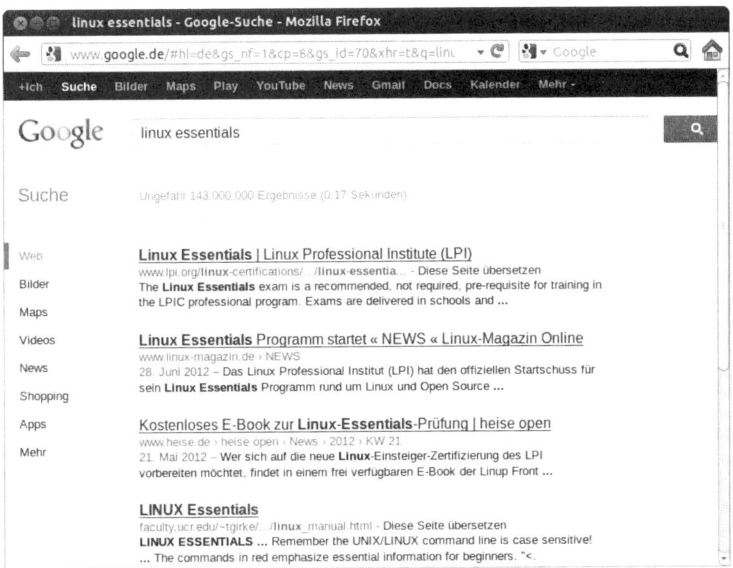

Abbildung 1.18: Mozilla Firefox zeigt die Ergebnisse einer Internetsuche an.

Grundsätzlich gilt: Je detaillierter die Suchanfrage, desto spezifischer die Ergebnisse. Speziell bei Problemen im Linux-Umfeld hat es sich bewährt, die eigene Distribution, deren Versionsnummer und die verwendete Software anzugeben. Auch das Kürzel `howto`[81] hilft, eine Seite mit einem passenden Ergebnis oder einer konkreten Anleitung zur Problemlösung zu finden.

1.4.4 Linux in Unternehmen

Lange Zeit galt Linux als ungeeignet für die Nutzung in Unternehmen. Vor allem der vermeintlich mangelnde Support und das Fehlen von Anbietern,

81 „Howtos“ sind unter Linux verbreitete Anleitungen, die Schritt für Schritt in eine Thematik einführen.

die man für Fehler der Software haftbar machen konnte, bedingten diese Auffassung.

Mit dem Aufkommen der ersten Linux-Distributoren wie SUSE oder Red Hat verbreitete sich das freie OS immer weiter, und die Anzahl der Linux-Installationen in Unternehmen stieg sprunghaft. Milliardenschwere Commitments wie die von IBM und SAP um die Jahrtausendwende machten Linux dann endgültig „hoffähig", auch in großen Konzernen.

Heute hat das freie System, insbesondere im Bereich der Web-, Datei- und Mailserver, den ehemals etablierten Systemen den Rang vielerorts abgelaufen.

Auch Freizeitanwender, die ihre Homepage oder ihr Blog gestalten, setzen heute sehr oft, wenn auch meist unbewusst, auf Linux, denn die Anbieter von Webservern oder Hostingplattformen nutzen fast ausschließlich Linux als Unterbau für ihre Angebote oder bieten eigene Server in der Cloud[82] an. Zahlreiche Cloud-Computing- und Virtualisierungsplattformen[83] haben ein Linux-Betriebssystem als Basis und bieten darüber ihre Dienste an.

Zunehmend finden sich auch Linux-Systeme als *Clients*.[84] Attraktiv macht sie vor allem, dass sie oft mit deutlich weniger Ressourcen auskommen und flexibler an die gewünschte Arbeitsumgebung anzupassen sind.

Als Mischform von herkömmlichen PCs und Embedded Systemen kommen häufig Linux-basierte *Thin Clients* zum Einsatz, also Systeme mit deutlich reduzierter Hardware, deren einzige Funktion der Verbindungsaufbau zu einem Server und die Darstellung der Oberfläche der dort laufenden Software ist.

Ein weiterer Vorteil von Linux-Rechnern ist deren Sicherheit: Bis heute gibt es nur wenige Fälle von Viren oder Malware. Schadsoftware im Linux-Umfeld betrifft in der Regel Webserver-Anwendungen (also nicht das Betriebssystem selbst) oder aber Plattformen wie Android, wo Hersteller nach Meinung vieler Security-Experten zu viele Sicherheitsfunktionen gestrichen haben, um die „User Experience" zu optimieren.

Einen kundigen Anwender oder Systemverwalter vorausgesetzt, läuft Linux zudem überaus stabil. Dennoch ist es heute im Desktop-Umfeld, also am Arbeitsplatz der Anwender, nicht das von Anwendern und IT-Strategen be-

82 *Cloud Computing* ist das kombinierte Angebot, Rechenleistung, Software und Datenspeicher über das Internet zu nutzen. Die Abrechnung erfolgt nach verbrauchten Ressourcen.

83 *Virtualisierung* ist die Technik, auf einem Rechner einen anderen zu simulieren. Moderne Hardware ist meist weitaus leistungsfähiger als nötig, und das erlaubt es, mehrere, auch unterschiedliche Systeme auf demselben Rechner zu betreiben. Linux bringt von Haus aus Virtualisierungsmöglichkeiten mit.

84 *Clients* (engl. „Kunde") sind im IT-Umfeld Rechner oder Anwendungen, die Dienste eines Servers (wiederum Rechner oder Software) in Anspruch nehmen. Man spricht bei diesem Prinzip auch vom Client-Server-Modell.

vorzugte Betriebssystem. Die Gründe sind vielfältig: Nur wenige PCs werden im Geschäft mit vorinstalliertem Linux angeboten, so dass Kunden zunächst grundsätzlich mit anderen Systemen in Berührung kommen; ein Umstieg auf Linux muss dann schon gewollt und begründet sein. Hinzu kommt, dass viele bekannte Anwendungen unter Linux nicht laufen – man ist also auf (freie) Alternativen angewiesen, die es meist zwar gibt, auf die man sich aber einlassen muss. Möglicherweise wird die immer stärkere Verlagerung von Software ins Web dem freien System neuen Schub geben.

1.5 Aufgaben

1. Welche der folgenden Namen bezeichnen existierende Linux-Distributionen?
   - Ubuntu
   - Microsoft Windows
   - NetBSD
   - openSUSE
   - AmigaOS
2. Welche der folgenden Softwarepakete bewerkstelligen Textverarbeitung und Tabellenkalkulation?
   - Gimp
   - Apache
   - OpenOffice
   - MySQL
   - LibreOffice
3. Bei welcher der folgenden Lizenzen handelt es sich *nicht* um eine freie Lizenz?
   - GPLv2
   - Apache-Lizenz
   - BSD
   - Mozilla-Lizenz
   - Microsoft EULA
4. Welches Protokoll sollte man nutzen, um eine sichere Verbindung zwischen dem Webbrowser und dem Webserver aufzubauen?

5. Erklären Sie die folgenden Begriffe:
   - Betriebssystem
   - Kernel
   - Distribution
   - Open Source
   - proprietär
   - Interpretersprache
   - Compiler
   - EULA
   - Thin Client
   - Cloud Computing
   - Virtualisierung
   - Vektorgrafik
6. Nennen Sie Alternativen zu folgenden Windows-Programmen, mit denen Sie ähnliche Arbeiten auf Linux erledigen können:
   - Microsoft Word
   - Adobe Photoshop
   - Internet Explorer
   - Outlook Express
   - Windows Media Player
7. Welche der folgenden Aufgaben erfüllt ein Paketmanager?
   - Software installieren
   - Software löschen
   - Software auf andere Betriebssyteme kopieren
   - Abhängigkeiten zwischen Paketen prüfen
   - Software aktualisieren
8. Perl, Python, Java, C: Welche dieser Programmiersprachen ist keine Interpretersprache, welche eine Art Mischform?

2

Erste Schritte

Kommen wir in diesem Kapitel zum praktischen Umgang mit Linux. Als *Multi-User-Betriebssystem* geht Linux stets davon aus, dass es mindestens einen, möglicherweise aber auch sehr viele Benutzer gibt. Jeder dieser Benutzer ist über eine Kombination aus *Benutzername* und *Passwort* eindeutig zu identifizieren. Vor der Arbeit steht also *immer* die Anmeldung am System – sofern der Systemverwalter keinen Auto-Login für einen Benutzer konfiguriert hat. Wie die Anmeldung verläuft, beschreibt der folgende Abschnitt.

Anschließend geht es um die ersten Arbeitsschritte in der Rolle eines Benutzers, und zwar auf der Kommandozeile. Hier entwickelt man am schnellsten ein Gespür für die Funktionsweise des Systems und verinnerlicht zugleich elementare Handgriffe, die jeder Administrator tagtäglich benötigt. Es geht dabei nicht um Vollständigkeit: Befehle, wie die im Folgenden beschriebenen, gibt es Hunderte, und mit der Kommandozeile und deren Funktionen kann der erfahrene Benutzer ähnlich arbeiten wie ein Software-Entwickler – wichtig ist das Wissen um die Grundbausteine eines Linux-Systems, deren Zusammenspiel und die sich daraus ergebenden immensen Möglichkeiten.

2.1 Anmelden

Grundsätzlich gibt es zwei Wege, sich an einem Linux-System anzumelden: *grafisch* oder *textbasiert*. Moderne, benutzerfreundliche Distributionen wie das auf der DVD beiliegende Ubuntu bieten unmittelbar nach dem Start eine ansprechende grafische Oberfläche (*Login-Manager*), über die sich der Benutzer mit seinem Benutzernamen und seinem Passwort authentifiziert und so Zugang zum System erhält (Abbildung 2.1). Nach einer Neuinstallation sind das Name und Passwort, die der Benutzer während der Installation vergeben hat. Ist der Linux-Rechner bereits im Einsatz, erhält ein „normaler" Benutzer seine Zugangsdaten üblicherweise vom Administrator, denn nur dieser darf neue Benutzer anlegen.

Abbildung 2.1: Nach dem Systemstart fordert der Login-Manager die Authentifizierung des Benutzers.

Nach der Anmeldung (*Login*) startet die eigentliche grafische Benutzeroberfläche, die *Desktop-Umgebung*. Wie bei freier Software üblich, gibt es auch hier zahlreiche Alternativen. Meist setzen die Distributionen auf eine Variante, lassen aber auch den Wechsel zu einer anderen zu. Canonical[1], die Firma hinter Ubuntu, setzt seit einiger Zeit auf die Eigenentwicklung *Unity*, die folglich zu sehen ist, wenn Sie das System von der beiliegenden DVD starten. Viele Distributoren verwenden einigen Aufwand darauf, die Oberflächen für den Anwender anzupassen, was gelegentlich aber auch störende Unterschiede in der Bedienung mit sich bringt. Red Hat setzt auf

1 `http://www.canonical.com`

Gnome, während SUSE eine der besten KDE-Implementierungen zu bieten hat. Weitere Alternativen wären sehr schlanke Desktop-Umgebungen wie *Xfce*[2] oder *LXDE*[3].

Grafische Benutzeroberflächen sind, wie bereits erwähnt, auf Servern oft nicht installiert. Doch auch hier gilt das Prinzip, dass sich jeder Administrator/Benutzer anzumelden hat; folglich erscheint die Aufforderung zur Eingabe der Login-Daten zeilenweise in Textform.

Übrigens ist es auf jedem Linux-System möglich, sich unabhängig von der grafischen Oberfläche auch textbasiert anzumelden, und zwar mehrfach. Das System stellt dazu *Terminals* bereit, die es mit der Bezeichnung `tty`[4] abkürzt und dann durchnummeriert (Abbildung 2.2). Es gibt meist sechs solcher textbasierten Terminals (`tty1` bis `tty6`), zwischen denen man mit den Tastenkombinationen `[Alt]+[F1]` bis `[Alt]+[F6]` wechselt. Die grafische Desktop-Umgebung liegt auf `[Alt]+[F7]`. Von dort erreicht man die Textkonsolen mit `[Strg]+[Alt]+[F1]` bis `[Strg]+[Alt]+[F6]`.

2.2 Die Kommandozeile

War die Anmeldung erfolgreich, befindet man sich bei der textbasierten Anmeldung im Terminal unmittelbar in der Kommandozeile (Abbildung 2.2).

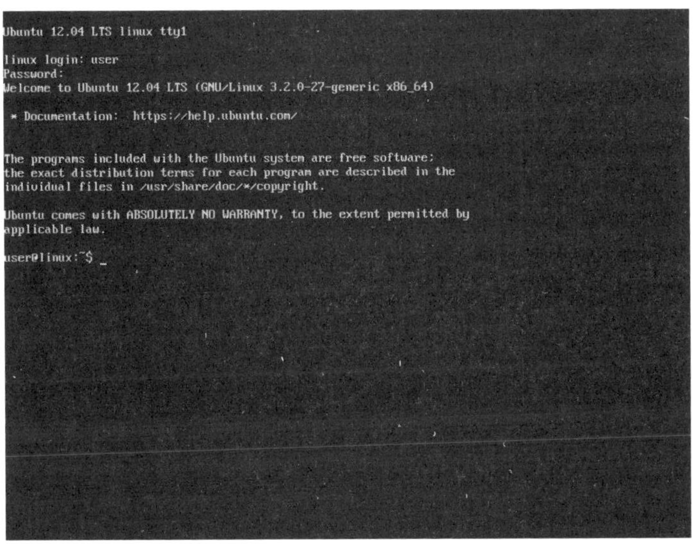

Abbildung 2.2: Nach der textbasierten Anmeldung

[2] `http://www.xfce.org`

[3] `http://www.lxde.org`

[4] Das Kürzel steht für „TeleTYpewriter" und stammt aus den Anfängen der Computer-Entwicklung.

Auch in der Desktop-Umgebung steht diese mit all ihren Funktionen zur Verfügung, ist aber zunächst als eigene Anwendung aufzurufen.

Allen grafischen Benutzeroberflächen gemeinsam ist eine Art „Startmenü" (meist über die Tastenkombination [Alt]+[F1] erreichbar) oder ein Anwendungsstarter ([Alt]+[F2]). Hier findet der Benutzer unter Ubuntu mit dem Suchbegriff „Terminal" eine Anwendung, die die Kommandozeile in einem eigenen Fenster bereitstellt (Abbildung 2.3).[5]

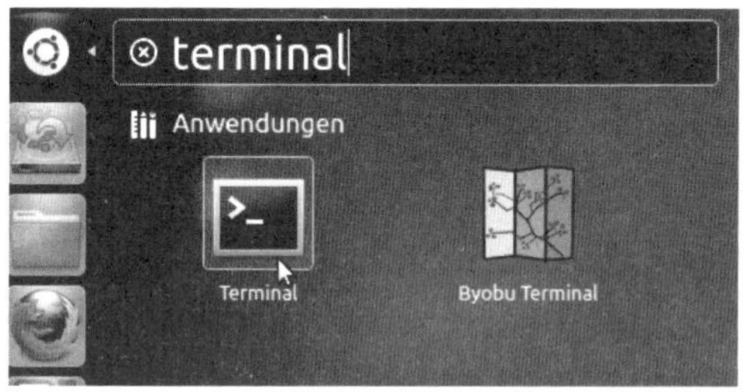

Abbildung 2.3: In Ubuntu sucht der Anwender das Terminal in einer Eingabemaske des sogenannten Unity-Dashboards.

Per Klick auf das Terminal-Icon oder Bestätigung des Befehls `terminal` mit der Eingabetaste im Anwendungsstarter öffnet sich ein Fenster mit der Kommandozeile (Abbildung 2.4).

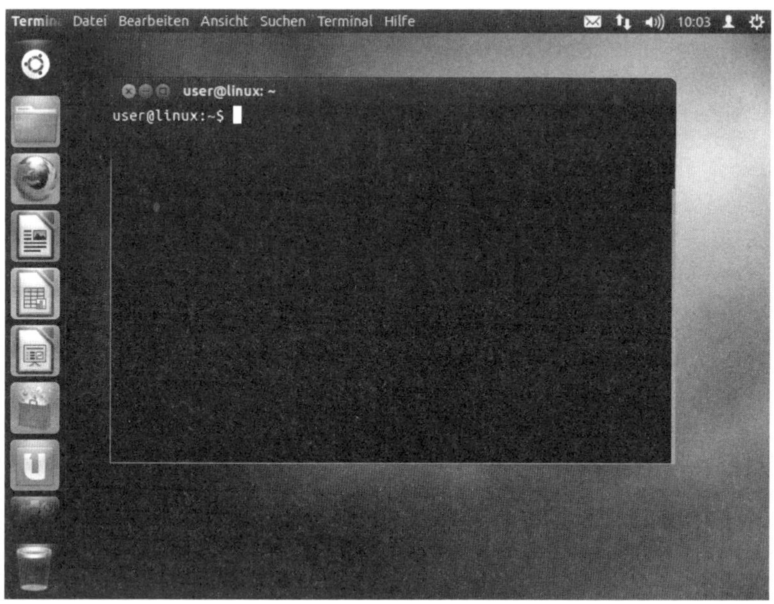

Abbildung 2.4: Die Kommandozeile des gnome-terminal erwartet einen Befehl.

[5] Genau genommen ist der Name des Programms `gnome-terminal`.

2.2.1 Terminal – Kommandozeile – Shell

Um die Begriffsverwirrung gleich zu Beginn aufzulösen: „Terminal", „Kommandozeile", „Shell", „Eingabeaufforderung", „Befehlszeile" (und vermutlich noch einige weitere Begriffe) bezeichnen dasselbe. Ja nach Historie, Perspektive oder technischem Ansatz lassen sich Bedeutungsnuancen unterscheiden, aber das führt hier zu weit. Für Linux-Benutzer sind es in der Regel Synonyme für das wichtigste Hilfsmittel des Administrators.

Die Kommandozeile ist – technisch gesehen – nicht mehr als eine durch ein Programm zur Verfügung gestellte Eingabeaufforderung: Der Benutzer gibt über die Tastatur einen Befehl ein, bestätigt diesen über das Drücken der Enter-Taste und veranlasst damit das System, diesen Befehl auszuführen. Eventuelle Rückmeldungen des ausgeführten Befehls erscheinen ebenfalls als Text auf der Kommandozeile, die nach Abschluss des Prozesses wieder auf Eingaben des Benutzers „wartet".

Auch bei der Kommandozeile gibt es unter Linux einige Alternativen. Die mit Abstand am meisten eingesetzte ist die *Bourne Again Shell* (`bash`).[6] Alle Erklärungen und Beispiele in diesem Buch beziehen sich auf sie.

Die *Prompt-Sequenz* am Anfang der Kommandozeile liefert einerseits wichtige Informationen, in der Regel den Benutzernamen und den Namen des Rechners. Das scheint trivial, ist es aber spätestens dann nicht, wenn man sich über die Kommandozeile unter einem anderen Benutzernamen auf einem anderen Rechner anmeldet. Darüber hinaus signalisiert der Cursor hinter der Prompt-Sequenz Empfangsbereitschaft: Nur hier lassen sich Befehle eingeben. Eine typische Prompt-Sequenz erscheint in folgender Form:

```
user@linux:~$
```

Diese Zeile enthält drei wichtige Informationen: `user` ist der aktuell am System angemeldete Benutzer, mit dessen Rechten die Shell die eingegebenen Kommandos ausführt. Nach dem `@`-Zeichen folgt der Rechnername (hier `linux`) und nach dem Doppelpunkt das aktuelle Arbeitsverzeichnis, hier das durch die Tilde (`~`) symbolisierte Home-Verzeichnis des Benutzers (dazu mehr ab Seite 67). Abgeschlossen wird der Prompt von einem Dollar-Zeichen (`$`).

Eine Ausnahme bildet der Systemadministrator, der unter Linux `root` heißt; dessen Prompt endet mit einem Hash-Zeichen (`#`):

```
root@linux:~#
```

Wie die meisten Distributionen verwendet auch dieses Buch diese Darstellungsform als Konvention für alle weiteren Beispiele. Allerdings kann der Benutzer das Aussehen bzw. den Informationsgehalt der Prompt-Sequenz

[6] Shells wie `dash`, `csh`, `ksh`, `tcsh` und `zsh` unterscheiden sich in ihren Funktionen wie in der Bedienung und sind für spezifische Einsatzzwecke konzipiert.

recht frei gestalten, und zwar über eine sogenannte *Umgebungsvariable*[7] namens PS1. Sie enthält die Zeichenfolge \u@\h:\w\$. Die mit einem Backslash eingeleiteten *Escape-Sequenzen* ersetzt die Shell in der Darstellung durch die entsprechenden Werte – \u beispielsweise durch den Benutzernamen. Welche Escape-Sequenzen zur Verfügung stehen, verrät die Dokumentation der Kommandozeile.[8]

Leicht modifizierte Prompt-Sequenzen sind nicht unüblich, hin und wieder sind auch eckige Klammern, Datum und Uhrzeit auf Servern zu finden. Manche Systemverwalter bevorzugen farbige Darstellungen, um bestimmte Werte hervorzuheben. Ein Beispiel für einen komplizierteren Prompt mit Datum und Uhrzeit lautet:[9]

```
user@linux:~$ PS1="[\d \t \u@\h:\W\$] "
[Son Jun 03 14:28:24 user@linux:~$]
```

Neben PS1 gibt es viele weitere Umgebungsvariablen, die der Anwender nutzen kann, um Zahlenwerte oder Text zwischenzuspeichern und diese anderen Kommandos oder der Shell zur Verfügung zu stellen. Mehr zu Variablen ab Seite 94.

Eine für die Shell sehr wichtige Umgebungsvariable ist PATH. Darin sind, durch Doppelpunkte getrennt, alle Verzeichnispfade gelistet, die die Shell nach ausführbaren Dateien durchsuchen soll. Das bedeutet: Der Benutzer muss nicht wissen, in welchem Verzeichnis des Linux-Systems ein bestimmtes Programm gespeichert ist. Wenn dieses Verzeichnis in PATH hinterlegt ist, lässt sich dieses Programm allein über seinen Namen in der Kommandozeile aufrufen.

TIPP:
Eine sehr hilfreiche Funktion der Bash ist die automatische Vervollständigung von Eingaben. Der Benutzer braucht nur einige Buchstaben zu tippen und danach ein- oder mehrmals die Tabulator-Taste zu betätigen, schon ergänzt die Shell die Eingabe bis zum nächsten eindeutigen Wert oder gibt eine Liste von möglichen Programmen oder Dateien aus.

[7] *Umgebungsvariablen* sind eine Art Platzhalter für verschiedene, oft komplexe Angaben. Die Shell definiert die Umgebungsvariablen beim Start gemäß den Vorgaben in ihrer Konfigurationsdatei. Hier lassen sich die Umgebungsvariablen folglich auch leicht ändern.

[8] Der Aufruf **man bash** gibt diese Dokumentation direkt auf der Kommandozeile aus; zum Thema Dokumentation mehr ab Seite 60.

[9] Eingaben des Benutzers auf der Kommandozeile sind in den Beispielen in der Regel mit Fettschrift ausgezeichnet. Für Ausgaben der Shell, die ausgelassen sind, weil sie im Kontext überflüssig oder zu umfangreich sind, steht die Zeichenfolge [...].

2.2.2 Kommandos

Als *Kommando* oder *Befehl* gilt jede ausführbare Datei, unabhängig davon, ob es sich um eine Binärdatei (aus dem Quelltext kompiliert) oder ein Skript handelt, ob sie im Suchpfad liegt oder ob der Benutzer sie über einen exakten Verzeichnispfad gestartet hat. Es gibt auch interaktive Kommandos, die mit dem Benutzer ein Frage- und Antwortspiel abhandeln. Der Großteil der grundlegenden Kommandos läuft jedoch nach dem Aufruf lediglich ab, verarbeitet die ihm zur Verfügung stehenden Informationen und reagiert darauf. Um die Ausführung zu beeinflussen oder exakter zu steuern, verstehen Kommandos oft eine Vielzahl von *Übergabeparametern* oder *Optionen.*

Ein Beispiel: Der Befehl `ls` („list") gibt Informationen über die Dateien in einem Verzeichnis aus. Laut Dokumentation (`man ls`) lautet die Aufrufsyntax des Kommandos:

```
ls [OPTION]... [FILE]...
```

Das bedeutet, dass man dem Befehl beim Aufruf sowohl Optionen als auch Dateinamen mitgeben *kann,* aber nicht *muss* (darum die eckigen Klammern).

Bei den Optionen hat der Anwender meist (so auch hier) die Wahl zwischen Kurz- und Langform: Mit einem Minus und einem Buchstaben ist die Kurzform meist eine Abkürzung für die entsprechende Funktion. Die Langform hingegen besteht aus zwei Minus-Zeichen, gefolgt von dem Namen der Funktion, typischerweise auf Englisch. Manche Optionen verlangen sogar weitere Angaben. `ls --help` und `ls -h` sind somit zwei Arten, die Kurzhilfe zu dem Befehl `ls` aufzurufen. Ebenso sind die beiden folgenden `ls`-Aufrufe äquivalent:

```
user@linux:~$ ls -a
[...]
user@linux:~$ ls --all
[...]
```

`ls --all` und `ls -a` listen *alle* Dateien im aktuellen Verzeichnis auf, auch die sogenannten *versteckten Dateien,* die mit einem Punkt beginnen. Bei diesen handelt es sich meist um Konfigurationsdateien, die bei der täglichen Arbeit keine Rolle spielen und darum lieber „im Hintergrund" bleiben.

TIPP:
In seltenen Fällen kommt es vor, dass Dateien mit einem Minuszeichen beginnen. Versucht man sie einem Kommando als Argument zu übergeben, dann versteht dieses die genannte Datei fälschlicherweise als Option. Im folgenden Beispiel soll der Befehl `rm` („remove") die Datei `-datei` löschen. Die Option `-v`

(„verbose") sorgt dafür, dass der Befehl über seine Arbeit Bericht erstattet:

```
user@linux:~$ rm -v -datei
rm: Ungültige Option -- d
'rm --help' gibt weitere Informationen.
```

Vermeiden kann der Anwender dies, indem er die letzte Option mit zwei Minuszeichen von dem folgenden Dateinamen trennt:

```
user@linux:~$ rm -v -- -datei
'-datei' entfernt
```

In Ausnahmefällen weichen Programme von der für Linux typischen Syntax ab. So akzeptieren manche Programme nur Optionen ohne Minuszeichen (vergleiche `ps` auf Seite 114). Andere gestatten es, eine Option durch ein Plus-Zeichen zu aktivieren und mit einem Minus-Zeichen auszuschalten. Welche Optionen ein Kommando akzeptiert und welche Besonderheiten der Anwender dabei beachten muss, entnimmt er am besten der Dokumentation des entsprechenden Programms.

2.2.3 Globbing und Suchmuster

Auch wenn es oft den Anschein hat: Nicht alle Funktionen stellen die einzelnen Kommandos selbst bereit, an vielen Stellen hilft die umgebende Shell. Ein gutes Beispiel dafür ist das sogenannte *Globbing* (engl. „Klümpchen" oder „Klecks"). Diverse Sonderzeichen und Zeichenketten dienen hier als Platzhalter und erlauben dadurch sehr flexible Angaben. `*` und `?` sind für die Shell solche Sonderzeichen:

```
user@linux:~$ ls -1 /etc/*tab
/etc/anacrontab
/etc/crypttab
/etc/fstab
/etc/iftab
/etc/inittab
/etc/mtab
```

Die Shell fängt bei der Ausführung des Kommandos die Zeichenkette `/etc/*tab` ab und wertet sie aus. Weil der Asterisk `*` in der Shell für eine beliebige Zeichenkette steht, gibt sie alle Dateien an das Kommando zurück, auf die die Zeichenkette passt, in diesem Fall alle Dateien, die auf `tab` enden und im Verzeichnis `/etc/` liegen. Danach ruft sie das Kommando mit all diesen Dateien auf. Auf diese Weise spart sich der Benutzer viele Eingaben.

Die `ls`-Option `-1` sorgt in diesem Beispiel nur für bessere Lesbarkeit der Ausgabe mit einem Ergebnis pro Zeile. Auf die gleiche Weise wie der Asterisk arbeitet das Fragezeichen, das allerdings nicht für „beliebig viele" Zeichen, sondern nur für „genau ein" Zeichen steht. Der Befehl

```
user@linux:~$ ls -1 /dev/sd?
/dev/sda
/dev/sdb
```

listet dementsprechend alle Dateien unter `/dev/` auf, die mit `sd` beginnen und danach noch genau ein Zeichen im Dateinamen tragen.

Das Fragezeichen und der Asterisk sind sogenannte „geschützte Zeichen", die die Shell in besonderer Weise interpretiert. In einigen Fällen ist es aber notwendig, dass die Shell kein Globbing durchführt, diese Zeichen also in ihrer „normalen" Bedeutung nutzt. Dazu dient das *Quoting*, also das „Zitieren", das die zu schützende Eingabe in Anführungszeichen setzt; diese „rauben" den Sonderzeichen ihre besondere Bedeutung. Das macht es beispielsweise möglich, geschützte Zeichen auch in Dateinamen zu verwenden. So lassen sich unter anderem Optionen mit Leerzeichen korrekt übergeben, die sonst die einzelnen Teile des Befehls (Kommando, Optionen, Parameter) voneinander trennen würden.

```
user@linux:~$ ls -1 datei_mit_*.txt
datei_mit_*.txt
datei_mit_irgendwas.txt
datei_mit_anderem.txt
user@linux:~$ ls -1 "datei_mit_*.txt"
datei_mit_*.txt
user@linux:~$ ls -1 datei mit Leerzeichen.txt
ls: Zugriff auf datei nicht möglich: Datei oder Verzeichnis nicht
gefunden
ls: Zugriff auf mit nicht möglich: Datei oder Verzeichnis nicht
gefunden
ls: Zugriff auf Leerzeichen.txt nicht möglich: Datei oder Verzeichnis
nicht gefunden
user@linux:~$ ls -1 "datei mit Leerzeichen.txt"
datei mit Leerzeichen.txt
```

Der erste Befehl im Listing zeigt drei Dateien im aktuellen Verzeichnis, eine davon enthält den Asterisk im Namen. Aber erst der Aufruf mit den Anführungszeichen liefert im zweiten Anlauf nur dieses eine Ergebnis. Der dritte Befehl, mit dem der Anwender versucht, eine Datei mit Leerzeichen anzeigen zu lassen, scheitert. Auch das klappt erst, wenn er den gesamten Dateinamen samt Leerzeichen mit Anführungszeichen vor der Auswertung durch die Shell schützt (vierter Befehl im obigen Beispiel).

TIPP:
Falls Sie nur ein einzelnes Zeichen von seiner Sonderbedeutung befreien möchten, erreichen Sie dies auch mit vorangestelltem Backslash. Das Kommando `ls -1 datei_mit_\*.txt` würde im obigen Beispiel also ebenfalls zum Ziel führen.

2.2.4 Substitution von Variablen und Kommandos

Für die spätere Verwendung kann der Benutzer Daten in *Variablen* zwischenspeichern. Variablen kann man sich als Platzhalter für verschiedene Inhalte (*Werte*) vorstellen. Die Shell unterscheidet – anders als beispielsweise manche Programmiersprachen – nicht zwischen verschiedenen Datentypen. Mit nahezu beliebigen Variablennamen lassen sich Zahlen wie auch Zeichenketten speichern. Mit einem einfachen Gleichheitszeichen weist der Anwender einer Variablen einen bestimmten Inhalt zu:

```
VARIABLE=Inhalt
```

Möchten Sie auf eine Variable zugreifen, müssen Sie deren Namen ein Dollarzeichen ($) voranstellen:

```
${VARIABLE}
```

Die geschweiften Klammern um den Variablennamen sind nicht zwingend notwendig, gelten aber als „saubere" Schreibweise, weil sich so auch direkt nach der Variablen Text anschließen lässt, ohne dass die Shell diesen fälschlicherweise als Bestandteil des Variablennamens interpretiert. Weil die Shell die Variable bei der Ausführung eines Kommandos durch den in ihr gespeicherten Wert ersetzt, heißt das Verfahren auch *Substitution* oder *Variablensubstitution*. Ein Beispiel:

```
user@linux:~$ DATEI="datei.txt"
user@linux:~$ ls ${DATEI}
-rw-r--r-- 1 user user 0 Jul  8 13:22 datei.txt
```

Ein ähnliches Verfahren ist die *Kommando- oder Befehlssubstitution*, bei der die Shell die Ausgabe eines Befehls als Argument eines anderen Befehls nutzt. Der zu ersetzende Befehl steht in runden Klammern mit vorangestelltem Dollarzeichen. Auch hier ein einfaches Beispiel mit den Befehlen `echo`[10] und `date`[11]:

```
user@linux:~$ date
Do 9. Aug 08:22:58 CEST 2012
user@linux:~$ echo date
date
user@linux:~$ echo "Datum und Uhrzeit: $(date)"
Datum und Uhrzeit: Do 9. Aug 08:33:57 CEST 2012
```

Statt mit runden Klammern und Dollar-Zeichen kann man den von der Shell auszuwertenden Befehl auch mit Backticks umgeben – das sind die oberen Hochkommas links neben der Backspace-Taste:

[10] `echo` gibt lediglich eine Zeichenfolge auf der Kommandozeile aus; er ist vor allem in Bash-Skripten wichtig.

[11] `date` liefert das aktuelle Datum und die aktuelle Uhrzeit. Die Ausgabe von `date` lässt sich sehr flexibel anpassen.

```
user@linux:~$ echo "Datum und Uhrzeit: `date`"
Datum und Uhrzeit: Do 9. Aug 08:34:14 CEST 2012
```

2.2.5 Kommandos verknüpfen

Wenn die Shell ein Kommando ausführt, blockiert es die Eingabezeile, entweder bis es der User beendet (mit der Tastenkombination [Strg]+[c]) oder die Arbeit abgeschlossen ist. Erst danach kann der Anwender den nächsten Befehl eintippen. Es gibt aber auch die Möglichkeit, Kommandos gleich bei der Eingabe miteinander zu verknüpfen. Durch ein Semikolon getrennt, führt sie die Shell nacheinander aus. Ausgaben liefert sie fortlaufend, ohne ein Trennzeichen zu erzeugen.

Ein Beispiel auch dazu: Der Befehl `cat` gibt den Inhalt einer Datei (die eine Text- und keine Binärdatei sein sollte) auf der Kommandozeile aus, hier den Text „Das ist der Inhalt der Datei" in der Datei `datei.txt`.

```
user@linux:~$ cat datei.txt
Das ist der Inhalt der Datei
```

Diese Prozedur verknüpfen wir mit dem bereits bekannten `echo`-Befehl, der zuletzt eine Erfolgsmeldung ausgeben soll:

```
user@linux:~$ cat datei.txt ; echo Erledigt
Das ist der Inhalt der Datei
Erledigt
```

Auch die logische Verknüpfung von Eingaben ist möglich. Ein zweiter Befehl soll beispielsweise nur ausgeführt werden, wenn der erste erfolgreich war. Eine solche Verknüpfung markieren zwei kaufmännische Und-Zeichen (*Ampersand*):

```
user@linux:~$ ls datei.txt
datei.txt
user@linux:~$ rm -v datei.txt && echo Löschen erfolgreich
'datei.txt' entfernt
Löschen erfolgreich
```

Die Shell führt den `echo`-Befehl aus, weil das vorherige Löschen ja erfolgreich war.

Zwei Pipezeichen (`||`) sorgen demgegenüber dafür, dass der zweite Befehl nur ausgeführt wird, wenn der erste *nicht* erfolgreich abgeschlossen werden konnte bzw. einen Fehler meldet. Vergleichen wir die folgenden Beispiele, bei denen wir mit der Kommandozeile rechnen:

```
user@linux:~$ echo $((5+5)) && echo Richtig
10
Richtig
user@linux:~$ echo $((5+5)) || echo Richtig
10
```

Die einfache mathematische Operation ist in doppelte runde Klammern eingeschlossen und das Dollar-Zeichen vorangestellt. echo liefert das Ergebnis, dem beim ersten Aufruf die Ausgabe Richtig folgt, weil die Addition erfolgreich war.

Beim zweiten Aufruf gibt || vor, dass das Richtig nur erscheinen soll, wenn ein Fehler aufgetreten ist – das ist aber nicht der Fall.

2.2.6 History

Alle von der Shell ausgeführten Kommandos speichert die Bash in der Datei .bash_history (versteckte Datei!) im Home-Verzeichnis des Benutzers. Von dieser *History* profitieren Benutzer, weil sie an einem Prompt mit den Pfeiltasten durch die bereits ausgeführten Kommandos blättern. Eingegebene Kommandos lassen sich so, auch modifiziert, schnell noch einmal ausführen.

> **TIPP:**
> Ebenfalls hilfreich ist das Kommando history, das alle in der Datei gespeicherten Kommandos anzeigt. Mit der Tastenkombination [Strg]+[r] startet der Anwender die interaktive „Suche rückwärts“.

2.3 Hilfe auf der Kommandozeile

Nahezu jedes Kommando versteht die Option -h oder deren Langform --help. Auch wenn diese Hilfe meist nicht sehr umfangreich ist, bietet sie gerade Einsteigern oft wertvolle Grundinformationen.

```
user@linux:~$ mkdir --help
Aufruf: mkdir [OPTION]... VERZEICHNIS...
Erzeugen der/des Verzeichnisse(s), wenn sie noch nicht existieren.

Erforderliche Argumente für lange Optionen sind auch für kurze
erforderlich.
  -m, --mode=MODUS  Zugriffsrechte setzen (wie chmod), nicht a=rwx ~
                    umask
  -p, --parents     kein Fehler, wenn vorhanden; übergeordnete
                    Verzeichnisse erzeugen, wenn notwendig
  -v, --verbose     für jedes angelegte Verzeichnis eine Meldung
                    ausgeben
  -Z, --context=K   SELinux-Sicherheitskontext jedes erzeugten
                    Verzeichnisses auf K setzen
      --help     diese Hilfe anzeigen und beenden
      --version  Versionsinformation anzeigen und beenden

Melden Sie Programmfehler für mkdir (auf Englisch, mit LC_ALL=C) an
```

```
bug-coreutils@gnu.org
Homepage für GNU coreutils: <http://www.gnu.org/software/coreutils/>
Allgemeine Hilfe zur Benutzung von GNU-Software:
<http://www.gnu.org/gethelp/>
Melden Sie Übersetzungsfehler für mkdir an
<translation-team-de@lists.sourceforge.net>
Für die vollständige Dokumentation starten Sie:
info coreutils 'mkdir invocation'
```

Darüber hinaus gibt es aber noch zahlreiche weitere Informationsquellen für Hilfe und Dokumentation, allen voran die Handbücher und Info-Dateien.

2.3.1 man und info

Wem die integrierte Hilfe nicht ausreicht, der greift zum Handbuch. Fast alle Linux-Befehle bringen ihre eigene Bedienungsanleitung, auch „Manual Page“, „Manual“ oder „Manpage“ genannt, mit.

Der Benutzer ruft eine Manpage mit dem Kommando `man` auf, gefolgt vom Namen des Kommandos, über das er Informationen erhalten möchte – und in manchen Fällen von der Nummer des Handbuchs, falls mehrere vorliegen. So öffnet der Aufruf `man ls` die Manpage zum Datei-Listing-Befehl `ls`.

```
user@linux:~$ man ls
NAME
       ls - list directory contents

SYNOPSIS
       ls [OPTION]... [FILE]...

DESCRIPTION
       List  information  about  the FILEs (the current directory by
       default).
       Sort entries alphabetically if none of -cftuvSUX nor --sort.
[...]
```

`man` zeigt die Handbuchseite in einem sogenannten *Pager* an, in dem der Benutzer mit den Pfeiltasten navigiert. Mit `[h]` ruft er die Hilfe auf, mit `[q]` kehrt er zur Befehlszeile. Dieser Pager basiert auf dem Linux-Kommando `less`, so dass prinzipiell dessen Optionen zur Verfügung stehen (siehe Seite 83). Auch zu `man` selbst existiert eine Handbuchseite, die der Benutzer entsprechend mit `man man` erreicht.

TIPP:
Standardmäßig zeigt das System Manpages in der Sprache an, die der Anwender (meist bei der Installation) für das System ausgewählt hat. Für manche Sprachen gibt es allerdings keine

Übersetzung oder diese ist nicht so aktuell wie die meist englische Vorlage. Im Zweifel lohnt der Blick in die Manpage der Originalsprache: Dazu stellt der Anwender die Umgebungsvariable LANG oder LC_MESSAGES auf den Wert C:

```
user@linux:~$ LC_MESSAGES=C man ls.
```

Die Manpages der Linux-Kommandos sind unterteilt in 12 Sektionen:

Tabelle 2.1: Sektionen der Handbuchseiten

Sektion	Inhalt
1	Nutzerbefehle
2	Systemaufrufe
3	Bibliotheksaufrufe
3p	Perl-Module
3tc	Tcl-Module
4	Spezialdateien
5	Dateiformate
6	Spiele
7	Konventionen
8	Systemverwaltung
9	Kernelverwaltung
n	Neue Manpages

Für den Benutzer sind vor allem die Sektionen über Nutzerbefehle (1) und Dateiformate (5) hilfreich, in manchen Fällen aber auch die Konventionen (7). Vor der anzuzeigenden Manpage akzeptiert man ein weiteres Argument in Form der Sektionsnummer:

```
user@linux:~$ man 1 df
```

Wer auf der Suche nach einem Kommando ist, dessen Namen aber nicht genau kennt, dem leistet apropos nützliche Dienste. Es hält eine Datenbank mit Kurzbeschreibungen der Kommandos vor und ermöglicht so die gezielte Suche nach Stichwörtern.

```
user@linux:~$ apropos copy
debconf-copydb (1)    - kopiere eine Debconf-Datenbank
asn1_copy_node (3)    - API function
bcopy (3)             - copy byte sequence
copysign (3)          - copy sign of a number
copysignf (3)         - copy sign of a number
copysignl (3)         - copy sign of a number
cp (1)                - copy files and directories
[...]
```

Darüber hinaus liefert das Kommando `whatis` die Kurzbeschreibung zu einem Kommando:

```
user@linux:~$ whatis ls
ls (1)               - list directory contents
```

Die Qualität der Antwort von `apropos` und `whatis` hängt natürlich von der Aktualität der Datenbank ab. Hat der Systemverwalter neue Pakete installiert oder Aktualisierungen im System vorgenommen, ist es bisweilen nötig, die Datenbank neu zu generieren. Das erledigt der Befehl `makewhatis`. Auf modernen Linux-Systemen ist dies aber in der Regel nicht notwendig, weil diese die Aktualisierung regelmäßig und automatisch durchführen.

Neben dem Kommando `man` stehen dem Anwender zahlreiche weitere Möglichkeiten zur Verfügung, auf die Manpages zuzugreifen. Die größeren Desktop-Umgebungen integrieren sogar spezielle Hilfe-Browser, die das Lesen direkt in der grafischen Oberfläche ermöglichen. Möglich wird das, weil die Manpages im Dateisystem in einem Meta-Format gespeichert sind, so dass sie unkompliziert in verschiedene Formate zu konvertieren sind, zum Beispiel HTML, wodurch der Anwender sie in jedem beliebigen Browser betrachten kann.

Auch online finden sich einige Manpage-Archive, die allerdings nicht immer auf dem aktuellen Stand sind. Der Anwender sollte sich hier vergewissern, dass die Handbuchseite neueren Datums ist und dass sie zu seiner Linux-Version passt.

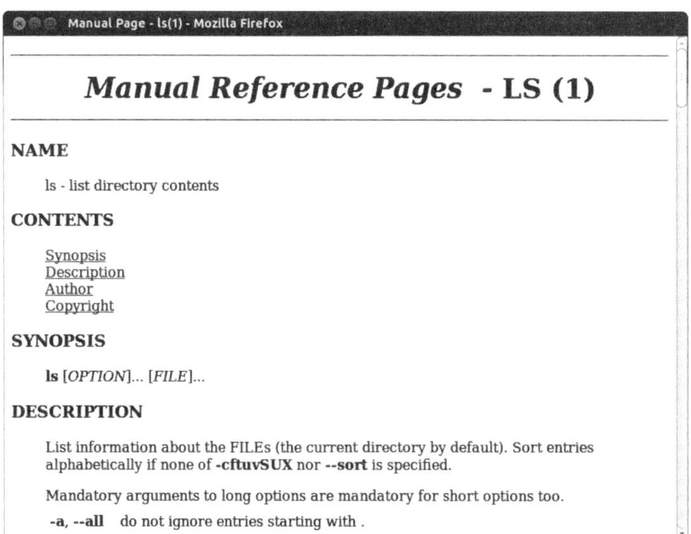

Abbildung 2.5: Der Browser zeigt die Manpage zu `ls`.

Eine weitere unter Linux verbreitete Informationsquelle sind die *Info Pages*. Für einige Kommandos sind sie ausführlicher als die Manpages, für viele andere Kommandos aber gar nicht vorhanden. Bedienen lassen sich Info Pages wie ein Wiki: Zu anderen Programmen gibt es Links, mit denen der Anwender sich von einem Thema zum nächsten vorarbeitet. Zurück ist das meist schwieriger: Oft landet man an einer völlig falschen Stelle oder erreicht ein „totes Ende“, von dem es nicht weiter in die gewünschte Richtung oder gar zurück geht. Die Infoseiten erreicht der Benutzer mit dem Befehl `info`, gefolgt vom Namen des Kommandos, über das er Informationen erhalten möchte.

> **TIPP:**
> Die wichtigsten Kommandos eines Linux-System enthält das Paket `coreutils`, das ebenfalls eine allgemeine Info Page bietet. Ein Blick in `info coreutils` lohnt sich.

2.3.2 Dokumentation in /usr/share/doc/

Was sich nicht oder nicht sinnvoll in Man- und Info-Pages darstellen lässt, packen Entwickler und Dokumentatoren für gewöhnlich unterhalb des Verzeichnisses `/usr/share/doc/`. Hier darf jedes Softwarepaket in einem nach ihm benannten Unterordner hilfreiche Dateien ablegen. Zu finden sind hier beispielsweise *README-Dateien*[12] und *Changelogs*[13] ebenso wie Dokumentationen im HTML-Format, RFCs[14] oder komplette Beispielkonfigurationen.

2.3.3 Der Befehl locate

Bei der Suche nach einer Datei mit einem bestimmten Namen hilft das Kommando `locate`. Wie `apropos` hält es auch eine eigene Datenbank vor, die es schnell durchsuchen kann. Statt bei der Suche nach einer Datei erst das gesamte Dateisystem mit Kommandos wie `find` (siehe Seite 82) zu durchsuchen, was mehrere Minuten dauern kann, liefert `locate` Antworten sofort. Doch wie bei `apropos` muss die Datenbank nicht immer auf dem aktuellen Stand sein. Dateien, die der Anwender erst Minuten zuvor angelegt hat, wird `locate` nicht finden, weil sie eben noch nicht in seiner Datenbank gelistet sind.

[12] Also wichtige Informationen, die man zum Einstieg berücksichtigen sollte, wie der auffordernde Dateiname verrät.

[13] Änderungsprotokolle für einzelne Programme oder auch ganze Distributionen geben einen Überblick über alle Korrekturen und Erweiterungen seit der ersten Version.

[14] Requests for Comments bilden die Diskussionsgrundlage für neue Standards, zum Beispiel Netzwerkprotokolle. Der provisorisch klingende Name bleibt auch bestehen, nachdem sich die Entwickler geeinigt haben und sich der Standard etabliert hat. Eine Liste aller RFCs hält die *Internet Engineering Task Force* (IETF) vor: `http://www.ietf.org/rfc.html`.

Um das zu vermeiden, startet das Linux-System regelmäßig das Kommando `updatedb`, das im Hintergrund einen Index aller im System vorhandenen Dateien erstellt. Wer nun `locate`, gefolgt von einem Dateinamen oder Namensbestandteil, aufruft, den bedient `locate` schnell aus seinem Index. Der Benutzer ruft `locate` einfach mit dem Suchmuster als Argument auf, wobei auch Globbing (vgl. Seite 56) erlaubt ist. Aber auch ohne Platzhalter gibt `locate` bereits alle Dateinamen aus, die das Muster enthalten:

```
user@linux:~$ locate fstab
/etc/fstab
/usr/include/fstab.h
/usr/lib/systemd/system-generators/systemd-fstab-generator
/usr/lib/udisks/udisks-helper-fstab-mounter
/usr/share/man/de/man5/fstab.5.gz
/usr/share/man/man5/fstab.5.gz
```

2.4 Verzeichnisse nutzen

2.4.1 Dateien im Dateisystem

Ein bekanntes Unix-Dogma lautet: „Alles ist eine Datei." Tatsächlich unterscheiden sich die „Objekte" in einem Dateisystem zunächst nur in Kleinigkeiten. Allen gemein ist, dass sie einen Namen und Berechtigungen besitzen (zum Rechtesystem siehe Kapitel 5). Der Unterschied zwischen Dateien und Verzeichnissen leitet sich letztlich nur daraus ab, mit welchen Informationen sie verknüpft sind: Dateien enthalten Daten in Text- oder Binärform, während Verzeichnisse mit weiteren Dateisystemobjekten, die wiederum Dateien oder Verzeichnisse sind, verknüpft sind.

> **TIPP:**
> Das Paradigma „Alles ist eine Datei" geht unter Unix-Betriebssystemen sogar noch deutlich weiter: So stellt Linux Verknüpfungen im Dateisystem (*Links*), aber auch die für Programmierer wichtigen *Sockets*[15] und *Fifos*[16] und sogar angeschlossene Geräte wie Festplatten und CD-Laufwerke als Datei dar.

Die Art, wie ein Computer Informationen auf seinen Speichermedien ablegt, ist unter anderem durch die Wahl des *Dateisystems* (*File System*) bestimmt. Linux und Unix unterstützen, auch aus historischen Gründen, eine Vielzahl verschiedender Dateisysteme, proprietäre Systeme wie Windows in der Regel nur wenige (FAT und NTFS). Populär unter Unix und Linux

[15] *Sockets* („Buchsen") sind Schnittstellen für den Datenaustausch zwischen Programmen.
[16] Die Abkürzung für *First-In-First-Out* bezeichnet Speicher, der immer nur die aktuellsten Einträge behält und veraltete automatisch löscht.

sind die Systeme der ext-Reihe (*ext2*, *ext3* und *ext4*) sowie *XFS* und neuerdings auch das innovative *Btrfs*. In der Datei `/proc/filesystems` findet der interessierte Anwender eine Liste aller aktuell auf seinem System unterstützten Dateisysteme.

Normalerweise muss er sich darum aber gar nicht kümmern. Meist im erweiterten Modus der Linux-Installation kann er allerdings auswählen, welches Dateisystem er verwenden will. Die Entscheidung ist nicht leicht, denn jedes hat seine Vor- und Nachteile, gerade in Bezug auf die maximale Datei- und Dateisystemgröße. Doch bei allen aktuellen Varianten ist es nahezu unmöglich, diese Grenzen zu erreichen, und die Distributionen treffen hier eine gute Vorauswahl.

TIPP:
Achtung ist jedoch mit Microsofts FAT-Dateisystem geboten, das auch Linux-Anwender häufig auf Wechseldatenträgern wie USB-Sticks für den Datenaustausch mit Windows-Systemen verwenden. Microsofts OS erlaubt es nicht, Datenträger mit mehr als 30 GB Größe mit dem FAT-Dateisystem zu formatieren. Dies ist jedoch keine technische Grenze, sondern eine politische Entscheidung des Herstellers. Unter Linux lassen sich auch FAT-Dateisysteme mit einer Größe von bis zu 2 TB erzeugen und unter Windows verwenden. Dateien können allerdings nicht größer als 4 GB werden.

2.4.2 Relative und absolute Pfade

Verzeichnisse (*Directories*) sind Objekte im Dateisystem, die andere Objekte (Dateien und/oder andere Verzeichnisse) enthalten können. Auch in einem leeren Verzeichnis finden sich immer zwei Einträge, nämlich `.` und `..` – der einzelne Punkt steht für das aktuelle Verzeichnis selbst,[17] die beiden Punkte für das übergeordnete Verzeichnis.

Diese Konvention macht es dem Anwender deutlich leichter, im Verzeichnisbaum zu navigieren. Mit den Kommandos `pwd` („print working directory“) und `cd` („change directory“) lässt sich das gut zeigen:

```
user@linux:~$ pwd
/home/user
user@linux:~$ cd ..
user@linux:/home$ pwd
/home
```

Der Zugriff auf das aktuelle Verzeichnis – das der einzelne Punkt repräsentiert – ist vor allem beim Arbeiten mit sogenannten Pfadangaben wichtig.

[17] Das ist nicht zu verwechseln mit Dateien, deren Name mit einem Punkt beginnt, also den versteckten Dateien (vgl. Seite 55).

Der *Pfad* ist die „Wegbeschreibung" zu einem bestimmten Punkt im Dateisystem; wenn man nun noch weiß, dass das gesamte Dateisystem wie ein Baum aufgebaut ist und Verzeichnisse mit Schrägstrichen (/)[18] bei der Notation voneinander getrennt werden, kann man bereits jedes Objekt (Datei oder Verzeichnis) im System ansprechen:

```
user@linux~$ ls /
bin     dev     initrd.img  lost+found  opt     run      srv   usr
boot    etc     lib         media       proc    sbin     sys   var
cdrom   home    lib64       mnt         root    selinux  tmp   vmlinuz
```

Der einzelne / steht für die Wurzel des Dateisystembaums (auch *Wurzelverzeichnis* oder *Root* genannt); so zeigt der obige Befehl sämtliche Verzeichnisse und Dateien auf dieser ersten Ebene an. Alle weiteren Objekte im Dateisystem befinden sich folglich in den oben gelisteten Verzeichnissen oder deren (zahlreichen!) Unterverzeichnissen.

Jedes Objekt im Dateisystem ist also, ausgehend von der Wurzel / , genau anzusprechen, und man nennt diese Notation den *absoluten Pfad* des Objekts, hier einer `README`-Datei:

```
user@linux~$ ls /usr/share/doc/time/README
/usr/share/doc/time/README
```

Im Gegensatz dazu beschreibt der *relative Pfad* den Weg zu einem Objekt, ausgehend von einer beliebigen Position im Dateisystem; auch hier ein Beispiel:

```
user@linux~$ pwd
/home/user
user@linux~$ ls ../../usr/share/doc/time/README
../../usr/share/doc/time/README
```

Auch dies ist eine Pfadangabe zu derselben `README`-Datei, diesmal jedoch ausgehend vom Heimatverzeichnis des Benutzers `user`, und hier erschließt sich auch die Bedeutung der Abkürzung `..` für das übergeordnete Verzeichnis. Übersetzt lautet der relative Pfad: „Ein Verzeichnis höher, dann noch ein Verzeichnis höher und von dort (nämlich dem Wurzelverzeichnis) abwärts durch die genannten Verzeichnisse bis zur Datei `README`."

2.4.3 Das Heimatverzeichnis

Neben Punkt, doppeltem Punkt und Schrägstrich (*Slash*) gibt es ein weiteres, für Pfadangaben wichtiges Sonderzeichen: die Tilde (~).

```
user@linux~$ ls /home
user
```

[18] Im Gegensatz zu Windows-Systemen werden Verzeichnisse unter Linux nicht mit einem Rückstrich (Backslash, also \) getrennt.

Ein Blick in das Verzeichnis `home` zeigt hier das *Heimatverzeichnis* (auch *Home-Verzeichnis, Home Directory* oder kurz *Home* genannt) des bislang einzigen Benutzers dieses Systems. Jeder neue Benutzer erhält in `/home/` ein eigenes Verzeichnis, das genauso heißt wie sein Benutzername – darin kann er nach Belieben schalten und walten. Und eben dieses für ihn zentrale Verzeichnis kann er mit der Tilde unmittelbar ansprechen, um zum Beispiel direkt hineinzuwechseln:

```
user@linux:/$ pwd
/
user@linux:/$ cd ~
user@linux:~$ pwd
/home/user
```

Da das Home-Verzeichnis des Systemverwalters außerhalb von `/home/` liegt, verweist die Tilde in seinem Fall auf dieses Verzeichnis, nämlich `/root/`.

TIPP:
Die Tilde ist keine Funktion des Dateisystems. Die Shell stellt sie zur Verfügung, was wiederum das Maskieren mit Anführungszeichen oder Backslash schwieriger macht. In solchen Fällen müssen Sie den absoluten Pfad zu Ihrem Home-Verzeichnis angeben.

Alternativ können Sie hier vielleicht die Variable `${HOME}` verwenden. Auch darin ist stets das Heimatverzeichnis des aktuellen Benutzers gespeichert.

```
user@linux:/$ pwd
/
user@linux:/$ cd ${HOME}
user@linux:~$ pwd
/home/user
```

2.4.4 Dateiinformationen anzeigen

Informationen zu Dateien und Verzeichnissen zeigt – bei Bedarf sehr ausführlich – das bereits bekannte Kommando `ls` („list"). Die Standardfunktion ist die Ausgabe der Datei- und Verzeichnisnamen ohne eine besondere Formatierung:

```
user@linux:~$ ls
Audiobooks  Desktop  Downloads  Picture.jpg  Text.txt
```

Die Formatierung der Ausgabe kann der Anwender mit zahlreichen Optionen beeinflussen. Die Option `-1` sorgt für die Ausgabe jeweils eines Namens pro Zeile, `-l` („long") liefert ausführlichere Informationen:

```
user@linux:~$ ls -1
Audiobooks
Desktop
Downloads
Picture.jpg
Text.txt
user@linux:~$ ls -l
drwxr-xr-x 2 user users  4096 Jul  8 18:34 Audiobooks
drwxr-xr-x 2 user users  4096 Jul 22 21:16 Desktop
drwxr-xr-x 2 user users  4096 Jun  1 13:16 Downloads
-rw-r--r-- 1 user users 15336 Jul  4  2011 Picture.jpg
-rw-r--r-- 1 user users   223 Sep  5  2010 Text.txt
```

Weitere Optionen zu `ls` ab Seite 142.

2.5 Erstellen, Verschieben und Löschen von Dateien

2.5.1 Dateien und Verzeichnisse erstellen

Eine Datei ist zunächst einmal nur ein Eintrag in einem Verzeichnis des Dateisystems, bis sie der Anwender mit Daten füllt. Der Eintrag umfasst neben der Dateigröße oder Länge auch mehrere Zeitstempel, die Aufschluss geben über das Datum ihrer Erstellung oder den letzten Zugriff.

Mit dem Kommando `touch` verändert der Benutzer diesen Zeitstempel existierender Dateien. Er kann mit `touch` aber auch eine neue Datei anlegen, indem er den Befehl mit einem Dateinamen als Argument aufruft. Dann nämlich versucht die Shell den letzten Zugriffszeitpunkt auf diese Datei neu zu setzen und legt sie an, falls sie noch nicht existiert. In diesem Fall ist das Ergebnis eine leere, also 0 Byte große, Datei mit einem aktuellen Zeitstempel im Arbeitsverzeichnis:

```
user@linux:~$ ls -l datei
ls: Zugriff auf datei nicht möglich: Datei oder Verzeichnis nicht
gefunden
user@linux:~$ touch datei
user@linux:~$ ls -l datei
-rw-r--r-- 1 user user 0 Jun 23 16:47 datei
```

Wenn Sie `touch` mit mehreren Dateinamen aufrufen, bearbeitet das Kommando diese nacheinander und legt zum Beispiel mehrere leere Dateien an.

Dem Erstellen neuer Verzeichnisse dient das Kommando `mkdir` („make directory"). Es akzeptiert ebenfalls einen oder mehrere Verzeichnisnamen als Argument und erstellt diese.

```
user@linux:~$ mkdir dir
user@linux:~$ ls -ld dir
drwxr-xr-x 1 user user 0 Jun 23 16:47 dir
```

Standardmäßig liegen die neuen Verzeichnisse anschließend im aktuellen Arbeitsverzeichnis. Ganze Pfade von verschachtelten Directories erstellt `mkdir` mit der Option `-p`. Zur Kontrolle ruft das folgende Beispiel `ls` mit der Option `-ld` auf, was ein langes Listing aller Verzeichnisse zurückgibt. Falls das zu erstellende Directory bereits existiert, verweigert `mkdir` die Arbeit mit einer Fehlermeldung:

```
user@linux:~$ mkdir -p dir1/dir2
user@linux:~$ ls -ld dir1/dir2
drwxr-xr-x 1 user user 0 Jun 23 16:47 dir2
user@linux:~$ mkdir dir1
mkdir: kann Verzeichnis "dir1" nicht anlegen: Die Datei existiert
bereits
```

TIPP:
Anders als Windows- unterscheiden Linux-Dateisysteme klar zwischen Groß- und Kleinschreibung – sie sind *case-sensitive*. So können zwei Dateien `datei` und `Datei` im selben Verzeichnis liegen:

```
user@linux:~$ touch datei
user@linux:~$ touch Datei
user@linux:~$ ls -l
-rw-r--r-- 1 user user 0 Jun 23 16:47 datei
-rw-r--r-- 1 user user 0 Jun 23 16:47 Datei
```

Wer für den Datenaustausch mit Windows das Dateisystem FAT nutzt, stellt schnell fest, dass dieses keinen Unterschied zwischen Groß- und Kleinschreibung macht. So entstehen scheinbar kuriose Fehler: Kopiert der Anwender die Dateien `datei` und `Datei` beispielsweise auf einen USB-Stick, der mit einem FAT-Dateisystem formatiert ist, erhält er bei der zweiten Datei eine Fehlermeldung, da die Datei vermeintlich schon existiert.

2.5.2 Dateien kopieren

Zum Kopieren an der Shell dient unter Linux das Kommando `cp` („copy"). Es benötigt mindestens zwei Argumente, die Quelle und das Ziel der Kopieraktion. Fehlt `cp` das zweite Argument, gibt es eine Fehlermeldung aus. Das folgende Beispiel erstellt die Datei `quelle` und kopiert sie anschließend nach `ziel`; das Ergebnis sind zwei gleiche Dateien mit den Namen `quelle` und `ziel`:

```
user@linux:~$ touch quelle
user@linux:~$ cp quelle ziel
user@linux:~$ ls -l
-rw-r--r-- 1 user user 0 Jun 23 16:47 quelle
-rw-r--r-- 1 user user 0 Jun 23 16:47 ziel
```

Ist das zweite Argument ein Verzeichnis, kopiert die Shell die Datei dorthin, wobei sie deren ursprünglichen Namen behält:

```
user@linux:~$ touch quelle
user@linux:~$ mkdir ziel
user@linux:~$ cp quelle ziel
user@linux:~$ ls -l
drwxr-xr-x 1 user user 0 Jun 23 16:47 ziel
-rw-r--r-- 1 user user 0 Jun 23 16:47 quelle
user@linux:~$ ls -l ziel
-rw-r--r-- 1 user user 0 Jun 23 16:47 quelle
```

Gibt der Anwender mehr als zwei Argumente an, so interpretiert die Shell automatisch das letzte als Ziel der Kopieraktion und alle vorherigen Argumente als zu kopierende Dateien. Dann muss allerdings das Ziel ein Verzeichnis sein, sonst schlägt das Kommando fehl.

```
user@linux:~$ touch datei1 datei2 datei3
user@linux:~$ cp datei1 datei2 datei3
cp: angegebenes Ziel 'datei3' ist kein Verzeichnis
user@linux:~$ mkdir dir
user@linux:~$ cp datei1 datei2 datei3 dir
user@linux:~$ ls -l
drwxr-xr-x 1 user user 0 Jun 23 16:47 dir
-rw-r--r-- 1 user user 0 Jun 23 16:47 datei1
-rw-r--r-- 1 user user 0 Jun 23 16:47 datei2
-rw-r--r-- 1 user user 0 Jun 23 16:47 datei3
user@linux:~$ ls -l dir
-rw-r--r-- 1 user user 0 Jun 23 16:47 datei1
-rw-r--r-- 1 user user 0 Jun 23 16:47 datei2
-rw-r--r-- 1 user user 0 Jun 23 16:47 datei3
```

Ganze Verzeichnisse und Verzeichnisbäume kopiert `cp -r`[19]:

```
user@linux:~$ mkdir -p dir1/dir2
user@linux:~$ cp dir1 dir3
cp: Verzeichnis 'dir1' ausgelassen
```

Die Aktion schlägt fehl, weil das einfach aufgerufene `cp` keine Verzeichnisse kopieren kann.

```
user@linux:~$ cp -r dir1 dir3
user@linux:~$ ls -l
drwxr-xr-x 1 user user 0 Jun 23 16:47 dir1
```

[19] Die Option `-r`, die auch andere Befehle kennen, steht für „rekursiv“. So wird eine Aktion solange wiederholt, bis alle vorgegebenen Zielwerte durchlaufen sind.

```
drwxr-xr-x 1 user user 0 Jun 23 16:47 dir3
user@linux:~$ ls -l dir3
dir2
```

Mit `-r` hat `cp` das Verzeichnis `dir1` samt Unterverzeichnis `dir2` nach `dir3` kopiert, das folglich auch ein Unterverzeichnis `dir2` enthält.

2.5.3 Dateien verschieben und umbenennen

Dateien und Verzeichnisse zu verschieben oder umzubenennen erledigt das Kommando `mv` („move"). Es verlangt ebenfalls mindestens zwei Argumente; gibt der Anwender mehr als zwei an, muss das letzte wieder ein Verzeichnis sein.

```
user@linux:~$ mv dir1/datei dir2
user@linux:~$ ls -l dir1
user@linux:~$ ls -l dir2
-rw-r--r-- 1 user user 0 Jun 23 16:47 datei
```

TIPP:
Das Verschieben innerhalb eines Dateisystems erledigt Linux in der Regel in Sekundenbruchteilen. Tatsächlich ändert es dabei nur einen kleinen Eintrag in einem Verzeichnis oder einer Liste im Dateisystem. Beim rekursiven Verschieben bleibt sogar die untergeordnete Verzeichnisstruktur vollständig erhalten. Deshalb braucht `mv` auch keine Option, um rekursiv zu arbeiten – das ist der Standard. Beim Verschieben über Dateisystemgrenzen oder Datenträger hinweg dauert der Prozess ein wenig länger, weil in diesem Fall die Quelle erst rekursiv kopiert und danach das Original gelöscht wird.

Auch das Umbenennen einer Datei, also das Verschieben von einem Dateinamen zu einem anderen, erledigt `mv`. Hier gleichzeitig mehrere Files in einer Aktion umzubenennen, ist schwierig – dafür braucht es ein kleines Skript oder andere Tools (mehr zum Erstellen von Skripten ab Seite 91).

```
user@linux:~$ ls -l
-rw-r--r-- 1 user user 0 Jun 23 16:47 datei1
user@linux:~$ mv datei1 datei2
user@linux:~$ ls -l
-rw-r--r-- 1 user user 0 Jun 23 16:47 datei2
```

2.5.4 Dateien und Verzeichnisse löschen

Das Löschen von Dateien erledigt das Kommando `rm` („remove"). Es akzeptiert ein oder mehrere Argumente, die es als die zu löschenden Dateien interpretiert:

```
user@linux:~$ rm datei
user@linux:~$ ls datei
ls: Zugriff auf datei nicht möglich: Datei oder Verzeichnis nicht
gefunden
```

Mit der Option -r löscht rm rekursiv auch Unterverzeichnisse.

Einzelne, leere Verzeichnisse lassen sich mit dem Kommando rmdir („remove directory") löschen. Auch hier dient -p dazu, ganze Verzeichnisbäume zu entfernen, zumindest solange diese keine Dateien enthalten.

```
user@linux:~$ mkdir dir
user@linux:~$ ls -1
drwxr-xr-x 1 user user 0 Jun 23 16:47 dir
user@linux:~$ rmdir dir
user@linux:~$ ls -1
user@linux:~$ mkdir -p dir1/dir2
user@linux:~$ touch dir1/file
user@linux:~$ rmdir -p dir1/dir2
rmdir: konnte Verzeichnis 'dir1' nicht entfernen: Das Verzeichnis ist
nicht leer
```

TIPP:
Verzeichnisse rekursiv zu löschen ist eine gefährliche Sache. Gerade das Kommando `rm -rf dir1` („Lösche dir1 rekursiv und ohne Widerrede!") ist schnell getippt, kann aber großen Schaden anrichten. Eine Wiederherstellung der entfernten Daten ist in der Regel nicht möglich.

Vor allem bei der Arbeit als Systemverwalter ist der Befehl `rm -rf *`, im Wurzelverzeichnis / ausgeführt, eine der schnellsten Arten, ein Linux-System zu zerstören: Die Bash erweitert den Asterisk zu *allen* Verzeichnissen im Root-Directory, so dass rm diese ohne jede Warnung vollständig und unwiederbringlich löscht. Zwar ist das System dann noch für kurze Zeit benutzbar, doch die Festplatte ist nach diesem Befehl leer!

2.6 Aufgaben

1. Welche der folgenden Behauptungen ist falsch?
   - Der Prompt des Benutzers user endet mit einem „#".
   - Es gibt nur eine Shell.
   - Das Kommando history gibt Informationen über die Entwicklungsgeschichte von Linux aus.
   - echo ${TEST} gibt den Inhalt der Umgebungsvariablen TEST aus.

2. Welche der folgenden Programme helfen bei der Suche innerhalb von `man`-Pages?
   - `apropos`
   - `whatis`
   - `lsman`
   - `maninfo`
   - `whereis`
3. Welche der folgenden Behauptungen treffen zu?
   - Es gibt relative und absolute Pfadangaben.
   - Der Befehl `newdir` legt ein neues Verzeichnis an.
   - Versteckte Dateien beginnen auf einem Linux-System mit einem `.` (Punkt).
   - Das Home-Verzeichnis des angemeldeten Benutzers ist in der Umgebungsvariable `HOME` hinterlegt.
   - Das Systemlaufwerk trägt unter Linux die Bezeichnung `C:`.
4. Welcher der folgenden Befehle kopiert eine Datei?
   - `copy`
   - `move`
   - `cp`
   - `mv`
   - `rename`

3

Die Macht der Kommandozeile

Die Kommandozeile bietet dem Anwender viele Möglichkeiten. Neben den im vorherigen Kapitel beschriebenen Mechanismen zur Dateiverwaltung kann er mit einfachen Befehlen Dateien archivieren und aus einem Backup wiederherstellen, umfangreiche und komplexe Suchanfragen stellen und die Ergebnisse filtern. Im Gegensatz zu ähnlichen Funktionen, die GUI-Tools bieten, lassen sich die Kommandozeilenbefehle aber auch verketten und in Skripten automatisieren.

Dieses Kapitel zeigt die eingebauten Backup- und Restore-Mechanismen, die typische Linux-Systeme mitbringen, erläutert Such-, Sortier- und Textbearbeitungsfunktionen und führt in die Kunst ein, eigene Skripte zu erstellen.

3.1 Archivierung von Dateien auf der Kommandozeile

Für jeden Computerbenutzer gilt: Regelmäßige Backups sind Pflicht. Festplatten gehören wegen ihrer mechanischen Bauteile zu der Kategorie der am häufigsten ausfallenden Hardware. Ein Festplattenschaden, der Diebstahl oder Verlust eines Laptops ist an sich schon ärgerlich genug, doch fangen die wirklichen Probleme oft erst an, wenn der Benutzer feststellen muss, dass die Arbeit der letzten Tage, Monate oder Jahre verschwunden ist.

> **TIPP:**
> Damit eine kaputte Festplatte das Backup nicht mit ins Verderben reißt, sollten Sie die Sicherung nicht auf demselben Datenträger anlegen. Profis verwenden Speichermedien, die über das Netzwerk angebunden sind, für den Heimanwender bieten sich USB-Sticks, Daten-DVDs oder externe Festplatten an. Gerade bei Sticks, CDs und DVDs sollte der Anwender jedoch die Haltbarkeit der Medien im Auge behalten. Die liegt meist deutlich unter zehn Jahren. Festplatten, aber insbesondere Bandlaufwerke halten deutlich länger, doch taucht dabei ein anderes Problem auf: In welchem aktuellen Rechner könnte man heute noch ein Bandlaufwerk aus den achtziger Jahren oder eine Festplatte aus den frühen Neunzigern anschließen? Die Lösung vieler Administratoren lautet: Mit den archivierten Daten regelmäßig umziehen, sie also nach einigen Jahren auf neue, aktuelle Datenträger sichern.

Nach dem Start einer Konsole befindet sich der Benutzer direkt in seinem Heimatverzeichnis. Mit den im Kapitel 2 vorgestellten Kommandos `pwd`, `cd` und `ls` navigiert er zu dem Verzeichnis, das er sichern möchte. Dabei sind vor allem bei `ls` drei Optionen hilfreich:

`-l`
: Ausführliche (lange) Darstellung mit Anzeige der Benutzerrechte (siehe Kapitel 5) und des Änderungsdatums.

`-a`
: Anzeige *aller* Dateien; versteckte Dateien, also solche, die mit einem Punkt (`.`) beginnen, zeigt `ls` nur mit dieser Option an.

`-h`
: Anzeige der Dateigröße in einer „menschenlesbaren“ Form.

```
user@linux:~$ ls -lha
insgesamt 884K
drwxr-xr-x  8 user user 4,0K 12. Apr 16:54 .
drwxr-xr-x 10 root root 4,0K 12. Apr 16:53 ..
-rw-r--r--  1 user user  127  2. Apr 16:04 .bash_logout
-rw-r--r--  1 user user  193  2. Apr 16:04 .bash_profile
-rw-r--r--  1 user user  551  2. Apr 16:04 .bashrc
drwx------  2 user user 4,0K  7. Okt 2010  .ssh
drwxr-xr-x  2 user user 4,0K 12. Apr 16:53 Bilder
drwxr-xr-x  2 user user 4,0K 12. Apr 16:53 Dokumente
drwxr-xr-x  2 user user 4,0K 12. Apr 16:53 Downloads
drwxr-xr-x  2 user user 4,0K 12. Apr 16:54 E-Books
-rwxr-xr-x  1 user user 839K 12. Apr 16:54 LPI Essentials.pdf
drwxr-xr-x  2 user user 4,0K 12. Apr 16:53 Videos
```

3.1.1 tar

Zur Sicherung fassen gängige Backup-Tools Dateien und Verzeichnisse in der Regel in einer sogenannten *Archivdatei* zusammen. Die Benutzerrechte und Zeitstempel der Dateien und Verzeichnisse bleiben so unabhängig vom Dateisystem oder Datenträger, auf dem die Archivdatei landet, erhalten und können bei der Rücksicherung wiederhergestellt werden. Ein unter Windows gebräuchliches Archivierungsprogramm ist Winzip[1], das das Kompressionsverfahren Zip verwendet, um platzsparende Archivdateien zu erstellen.[2] Unter Linux und Unix ist das bevorzugte Werkzeug für die Archivierung von Dateien seit mehreren Jahrzehnten das Kommando `tar`[3]. Ursprünglich entwickelt, um die speziellen Datenströme für Bandlaufwerke zu erzeugen, die nur mit seriellen Daten, nicht aber mit einzelnen Dateien oder gar Verzeichnissen umgehen können, hat sich das Werkzeug heute zum Universalprogamm entwickelt. `tar` erkennt automatisch, was der Benutzer möchte: Ist das Ausgabemedium eine Datei und kein Bandlaufwerk, schreibt es die Daten in das angegebene File.

TIPP:
Bandlaufwerke gehören zu den Datenstrom-basierten Speichermedien. Im Gegensatz zu Block-orientierten Geräten (wie Disketten, optischen Laufwerken oder Festplatten) muss das Gerät zum Lesen einer einzigen Datei das gesamte Medium bis zu dieser Stelle durchgehen. Die längere Lebensdauer der Geräte bezahlt der Anwender also mit einer niedrigeren Arbeitsgeschwindigkeit.

1 `http://www.winzip.de`
2 Jüngere Versionen von Microsofts Betriebssystem integrieren Zip auch direkt in den Windows-Explorer; auch Linux-Dateimanager stellen solche Archive als virtuelle Verzeichnisse dar.
3 *T*ape *AR*chiver

`tar` ist ein sehr komplexes Kommando mit vielen Parametern. Genau einen der folgenden Parameter *muss* der Anwender angeben:

`--create`, `-c`
: ein neues Archiv erzeugen.

`--concatenate`, `-A`
: ein Archiv an ein Archiv anhängen.

`--append`, `-a`
: ein bestehendes Archiv erweitern.

`--update`, `-u`
: nur Dateien dem bestehenden Archiv hinzufügen, die neuer sind als die im Archiv.

`--compare`, `-d`
: den Inhalt des Archivs mit den Dateien vergleichen.

`--list`, `-t`
: den Inhalt des Archivs auflisten.

`--extract`, `-x`
: Dateien aus dem Archiv entpacken.

Die mit Abstand am häufigsten benutzten Parameter sind `--create`, `--extract` und `--list`. Optionen passen die Funktionsweise an:

`--directory dir`, `-C dir`
: vor Ausführung in das Verzeichnis `dir` wechseln.

`--file datei`, `-f datei`
: den Dateinamen `datei` für das Archiv verwenden.

`--one-file-system`
: Dateien und Verzeichnisse nur aus dem aktuellen Dateisystem berücksichtigen.

`--same-permissions`, `-p`
: die gesicherten Berechtigungen beibehalten.

`--absolute-paths`, `-P`
: Pfadnamen inklusive des führenden / ins Archiv aufnehmen. Sicherheitshalber entfernt das Programm standardmäßig das führende / und gibt eine entsprechende Meldung aus.

`--verbose`, `-v`
: Auflisten der Dateien bei Sicherung oder Wiederherstellung.

`--verify`, `-W`
: das Archiv nach der Erstellung überprüfen.

`--exclude datei`
: die Datei `datei` nicht mitsichern oder wiederherstellen.

`--exclude-from datei`, `-X datei`
: alle Dateien, die in der Datei `datei` aufgelistet sind, ausklammern.

`--gzip`, `-z`
: das Archiv mit `gzip` komprimieren.

`--bzip2`, `-j`
: das Archiv mit `bzip2` komprimieren.

`--xz`, `-J`
: das Archiv mit `xz` komprimieren.

Im folgenden Beispiel soll der Anwender sein gesamtes Home-Verzeichnis archivieren. Das Archiv soll jedoch außerhalb des Heimatverzeichnisses liegen, damit eine spätere, weitere Sicherung nicht – unnötigerweise – die alten Archive mit packt. Auf einem Linux-System hat der Benutzer nur in seinem eigenen Verzeichnis und im Verzeichnis für temporäre Daten `/tmp/` Schreibrechte (dazu mehr in Kapitel 5). Es bietet sich also an, das Archiv in `/tmp/` abzulegen und es später auf einen Wechseldatenträger zu verschieben.

Den Namen eines Archivs kann der Benutzer frei wählen. Sinnvoll ist die Endung `.tar`, damit Benutzer und Programme schon anhand des Namens erkennen, dass es sich um ein mit `tar` erzeugtes Archiv handelt. Bei aktivierter Komprimierung hilft die zusätzliche Endung `.gz` (oder `.bz2` beziehungsweise `.xz`) bei der Suche nach dem richtigen Kompressionsalgorithmus. Ein sinnvoller Name für das Archiv des Benutzerverzeichnisses ohne Komprimierung ist damit `/tmp/user-home.tar`.

`tar -cvf` erstellt (`-c`) ein Archiv in der durch `-f` spezifizierten Datei und gibt währenddessen bereitwillig Auskunft über das aktuelle Tun (`-v`):

```
user@linux:~$ tar -cvf /tmp/user-home.tar /home/user
tar: Entferne führende '/' von Elementnamen
/home/user/
/home/user/.bash_profile
/home/user/LPI Essentials.pdf
/home/user/E-Books/
/home/user/.bashrc
/home/user/.ssh/
/home/user/Bilder/
/home/user/Dokumente/
/home/user/Videos/
/home/user/Downloads/
/home/user/.bash_logout
```

Zum Entpacken des Archivs dient der Parameter `--extract` oder `-x`. Soll `tar` die Daten nicht in das aktuelle Verzeichnis entpacken, dann gibt der Benutzer nach dem zusätzlichen Parameter `--directory` das gewünschte Zielverzeichnis an.

```
user@linux:~$ tar -xvf /tmp/user-home.tar --directory /
home/user/
home/user/.bash_profile
home/user/LPI Essentials.pdf
home/user/E-Books/
home/user/.bashrc
home/user/.ssh/
home/user/Bilder/
home/user/Dokumente/
home/user/Videos/
home/user/Downloads/
home/user/.bash_logout
```

3.1.2 Komprimierung

Auch wenn es scheint, als könne das Kommando `tar` selbst Archive komprimieren, ist dem nicht so. Vielmehr ruft es eines der Kommandos `gzip`, `bzip2` oder `xz` auf, um den Datenstrom des Archivs vor dem Schreiben auf die Festplatte zu ver- oder entpacken. Aktuelle Versionen des Kommandos `tar` erkennen teilweise automatisch, ob das Archiv mit einem Kompressionsverfahren platzsparend optimiert ist, und wählen gleich den richtigen Parameter. Natürlich kann der Anwender die Kommandos auch direkt auf eine Datei anwenden. Sie komprimieren die Datei und fügen die passende Endung hinzu. Achtung: Die Originaldatei wird bei diesem Vorgang entfernt, sofern der User es nicht ausdrücklich anders wünscht.

```
user@linux:~$ ls -l /tmp/user-home.tar
-rw-r--r-- 1 user user 870400 12. Apr 17:17 /tmp/user-home.tar
user@linux:~$ gzip /tmp/user-home.tar
user@linux:~$ ls -l /tmp/user-home.tar.gz
-rw-r--r-- 1 user user 342099 12. Apr 17:18 /tmp/user-home.tar.gz
```

Das Entpacken der Datei erledigt der Parameter `-d` („decompress“).

```
user@linux:~$ gzip -d /tmp/user-home.tar.gz
user@linux:~$ ls -l /tmp/user-home.tar
-rw-r--r-- 1 user user 870400 12. Apr 17:19 /tmp/user-home.tar
```

3.1.3 zip und unzip

Außerhalb der Linux-Welt ist das Zip-Kompressionsverfahren sehr verbreitet. Auch das oben angesprochene Winzip nutzt es, und Windows-Benutzer verwenden Zip-Dateien in gleicher Weise wie die Linux-User die komprimierten `tar`-Archive. Um den Datenaustausch zu vereinfachen, sind die Archivierungstools `zip` und `unzip` auch auf Linux-Systemen verfügbar. Als Dateiendung für diese Archive dient die Endung `.zip`.

Zum Erstellen eines `zip`-Archivs übergibt der Benutzer dem Kommando den Namen des Archivs sowie die Liste der zu verpackenden Dateinamen. Mit dem zusätzlichen Parameter `-r` fügt `zip` auch Verzeichnisse rekursiv hinzu. Im Gegensatz zu `tar` packt es ohne diese Option nur die Dateien im angegebenen Verzeichnis, keine Unterverzeichnisse.

```
user@linux:~$ zip -r /tmp/sicherung-user-home.zip /home/user
  adding: home/user/ (stored 0%)
  adding: home/user/.bash_profile (deflated 29%)
  adding: home/user/LPI Essentials.pdf (deflated 60%)
  adding: home/user/.lesshst (stored 0%)
  adding: home/user/E-Books/ (stored 0%)
  adding: home/user/.bashrc (deflated 40%)
  adding: home/user/.ssh/ (stored 0%)
  adding: home/user/Bilder/ (stored 0%)
  adding: home/user/Dokumente/ (stored 0%)
  adding: home/user/Videos/ (stored 0%)
  adding: home/user/.bash_history (deflated 9%)
  adding: home/user/Downloads/ (stored 0%)
  adding: home/user/.bash_logout (deflated 17%)
```

Entsprechend erfolgt das Entpacken mit `unzip`

```
user@linux:~$ unzip /tmp/sicherung-user-home.zip
Archive:  /tmp/sicherung-user-home.zip
   creating: home/user/
  inflating: home/user/.bash_profile
  inflating: home/user/LPI Essentials.pdf
 extracting: home/user/.lesshst
   creating: home/user/E-Books/
  inflating: home/user/.bashrc
   creating: home/user/.ssh/
   creating: home/user/Bilder/
   creating: home/user/Dokumente/
   creating: home/user/Videos/
  inflating: home/user/.bash_history
   creating: home/user/Downloads/
  inflating: home/user/.bash_logout
```

Beide Befehle lassen sich ebenfalls durch eine Vielzahl Parameter konfigurieren, die in den Manpages erläutert sind und die der Anwender über das Kommando `man zip` oder `man unzip` aufruft.

TIPP:
In einem zip-Archiv finden sich nicht alle Dateirechte und Zeitstempel der Linux-Dateien. Da das Archivformat das Speichern dieser Meta-Daten nicht vorsieht, muss der Anwender bei Bedarf auf tar-Archive zurückgreifen. Auch diese Dateien lassen sich auf allen Betriebssystemen lesen und entpacken.

3.2 Suche und Entnahme von Daten aus Dateien

3.2.1 Wichtige Befehle

find

Auf der Suche nach Dateien hilft `find`. Dabei kann der Anwender nicht nur nach einem Namen suchen, praktisch jede Dateieigenschaft ist als Suchkriterium zu spezifizieren. Wer `find` ohne weitere Optionen aufruft, dem listet es einfach alles. Damit eignet es sich perfekt, um ganze Verzeichnisstrukturen rekursiv zu durchsuchen. Soll es nur in einem bestimmten Verzeichnis arbeiten, muss der User dieses als erstes Argument direkt hinter dem Kommando angeben.

Die am häufigsten verwendete Option ist `-name` (Optionen versteht `find` immer nur mit *einem* Strich!). Sie veranlasst `find`, nach Dateinamen zu suchen, und versteht auch die Platzhalter `*` und `?`. Damit ist es dem Anwender möglich, explizit Dateien zu lokalisieren, von denen ihm nur ein Teil des Namens bekannt ist. `-iname` funktioniert auf die gleiche Weise, lässt allerdings Groß- und Kleinschreibung außer Acht. Mit `-mtime` dient der Zeitstempel „Modification Time", also das Datum der letzten Änderung, als Kriterium. Bei einer einfachen Zahl als Parameter interpretiert das Kommando den Wert als exakte Anzahl von Tagen. Wer das genauer festlegen will, benutzt „+" oder „-" vor der Zahl, um den Zeitbereich auf ein Intervall festlegen. Die Standardaktion für `find` ist die einfache Ausgabe der Suchergebnisse, eines pro Zeile.

```
user@linux:~$ find /etc/ -name "dhcp*"
/etc/conf.d/dhcpcd
/etc/conf.d/dhcp
/etc/dhcpd.conf-sample
/etc/network.d/dhcpd
/etc/dhcpd.conf
/etc/dhcpcd.conf
/etc/rc.d/dhcp6
/etc/rc.d/dhcp4
```

Darüber hinaus erlaubt es `find -delete`, gefundene Dateien sofort zu löschen oder mit `-exec` andere Programme an ihnen auszuführen. Nach

-exec erwartet find den Namen des auszuführenden Befehls sowie den Platzhalter {}, gefolgt von einem „escapten Semikolon" (\;) als Abschluss der Befehlssequenz:

```
user@linux:~$ find -name "*~" -delete
user@linux:~$ find -name "*.jpg" -exec mv {} Bilder/ \;
```

Der erste Befehl sucht alle Dateien mit einer Tilde am Ende des Namens und löscht sie; das zweite Kommando sucht alle JPG-Bilddateien und verschiebt sie in den Ordner Bilder.

grep

Das Kommando grep filtert einzelne Zeilen aus einer Datei oder einem Datenstrom. „Greppen" ist unter Linux sehr verbreitet, es gehört zur alltäglichen Arbeit vieler Systemverwalter, etwa wenn es gilt, lange Protokolldateien nach einzelnen Fehlermeldungen zu durchsuchen.

```
user@linux:~$ grep user /etc/passwd
user:x:1000:1000:User:/home/user:/bin/bash
```

Im einfachsten Falle listet das Kommando alle Vorkommen einer Zeichenfolge (*String*) in einer Datei auf, hier den Eintrag des Anwendernamens user in der Datei /etc/passwd. Die Filter lassen sich auch invertieren: grep -v unterdrückt alle Ergebnisse, die den Suchbegriff enthalten. Eine case-insensitive Suche, bei der grep also nicht zwischen Groß- und Kleinschreibung unterscheidet, erreicht der Anwender mit -i, während der Parameter -q lediglich ermittelt, ob ein entsprechender Ausdruck in der Datei vorkommt. -l listet dagegen bei einer rekursiven Suche (-r) nur die Dateien auf, in denen der Begriff vorkommt.

Daneben gibt es noch einige Varianten von grep, die erweiterte Funktionen bieten: egrep beispielsweise birgt den vollen Umfang regulärer Ausdrücke (siehe Seite 87), wohingegen zgrep auch das Durchsuchen komprimierter Dateien ermöglicht.

less

Das Programm less dient dazu, Text bildschirmseitenweise anzuzeigen, dabei vor- und zurückzublättern und mit / vorwärts und mit ? rückwärts zu suchen. Mit [n] wiederholt der Anwender die Suche in die gleiche Richtung, [Shift]+[n] sucht in die umgekehrte Richtung weiter. Eine integrierte Hilfe bietet [h], mit [q] kann der Benutzer less verlassen. less dient auch dazu, die in Kapitel 2 beschriebenen Manual Pages anzuzeigen.

less ist ein sehr häufig eingesetztes Werkzeug, wenn es um einen „schnellen Blick" oder die Suche in Textdateien geht, denn es erspart den Aufruf meist sehr viel größerer Spezialprogramme zur Textbearbeitung (*Editoren*).

head und tail

Das Kommando `head` gibt immer nur den Anfang einer Textdatei aus, standardmäßig 10 Zeilen; diesen Wert kann der Anwender allerdings mit der Option `-n` beeinflussen:

```
user@linux:~$ head -n 3 /etc/passwd
root:x:0:0:root:/root:/bin/bash
daemon:x:1:1:daemon:/usr/sbin:/bin/sh
bin:x:2:2:bin:/bin:/bin/sh
```

Das Pendant ist das Kommando `tail`, das die Zeilen vom Ende einer Textdatei ausgibt; auch `tail` kennt die Option `-n`:

```
user@linux:~$ tail -n 5 /etc/passwd
libvirt-qemu:x:116:128:Libvirt Qemu,,,:/var/lib/libvirt:/bin/false
ntp:x:117:129::/home/ntp:/bin/false
privoxy:x:118:65534::/etc/privoxy:/bin/false
munin:x:119:130::/var/lib/munin:/bin/false
davfs2:x:120:131::/var/cache/davfs2:/bin/false
```

Systemverwalter nutzen häufig `tailf` oder `tail -f` („follow“). So lassen sich „in Echtzeit“ beispielsweise Protokolldateien betrachten, in die das System oder Programme fortlaufend neue Einträge am Ende hinzufügen und die dann unmittelbar in der Ausgabe der Kommandozeile erscheinen. Ein beliebtes Objekt ist etwa die Datei `/var/log/messages`, die alle Systemmeldungen verzeichnet.

sort

Auch das Sortieren von Eingaben, Ausgaben oder Dateien ist an der Befehlszeile möglich. Das Kommando `sort` ist da die erste Wahl. Standardmäßig wird es die übergebenen Daten nach dem ersten Zeichen in jeder Zeile alphabetisch sortieren. Wer Zahlen nach Größe sortieren will, benutzt die Option `-n`. Mit `-k` und einem entsprechenden Zahlenwert erfolgt die Sortierung nach der mit der Zahl bezeichneten Spalte. Geht es um absteigende statt aufsteigender Sortierreihenfolge, hilft `-r`.

```
user@linux:~$ sort /etc/passwd
avahi:x:84:84:Avahi daemon:/:/bin/false
bin:x:1:1:bin:/bin:/bin/false
clamav:x:64:64:Clam AntiVirus:/dev/null:/bin/false
[...]
```

Wer `sort` mit einer umfangreichen Liste benutzt, wird schnell feststellen, dass das Programm nicht allzu schnell ist. Eine beispielsweise mit `find` erzeugte und mit `sort` nach Größe zu sortierende Liste aller Dateien auf einem System kann durchaus mehrere Minuten in Anspruch nehmen, auch auf aktuellen Systemen.

cut

Immer wieder kommt es vor, dass in einer Datei oder einem Text nur bestimmte Spalten von Interesse sind. Da hilft das Kommando `cut`. Mit `-f` gibt der Anwender das Feld (gerechnet vom Anfang der Zeile, die erste Spalte trägt die Nummer 1) an. Standardmäßig geht `cut` davon aus, dass Felder mit einem Tabulator getrennt sind. Ist dies nicht der Fall, kann der Anwender das gewünschte Trennzeichen mit `-d` explizit angeben, zum Beispiel die Doppelpunkte in der Datei `/etc/passwd`:

```
user@linux:~$ cut -d: -f1 /etc/passwd
root
bin
daemon
mail
[...]
```

wc

Das kleine Programm `wc` („word count") kann eigentlich nichts anderes als zählen. Aber es beschränkt sich entgegen seinem Namen nicht auf Wörter, sondern beherrscht auch das Zählen von Zeilen und Zeichen. Mit den Optionen `-w` (Wörter), `-l` (Zeilen) und `-m` (Zeichen) spezifiziert der Anwender die gewünschte Ausgabe:

```
user@linux:~$ wc -l /etc/passwd
31 /etc/passwd
```

`/etc/passwd` besteht in diesem Beispiel demnach aus 31 Zeilen.

> **TIPP:**
> Das Zählen nach Zeichen berücksichtigt, ob die Datei Unicode-kodiert ist, und gibt daher weniger Zeichen aus als der Parameter `-c`, der die Anzahl in Bytes ausgibt.

3.2.2 Eingabe- und Ausgabe-Umleitungen

Mit dieser kleinen Vorstellung wichtiger Kommandos zeigt sich ein weiteres Linux/Unix-Paradigma, das einer der frühen Unix-Entwickler bereits in den 1970er Jahren wie folgt formuliert:

> „Write programs that do one thing and do it well. Write programs to work together." (Doug McIlroy, 1978)

Einige der kleinen Programme, die ihre Spezialaufgaben bestens erfüllen, sind nun bekannt; die Mächtigkeit ergibt sich aber erst aus deren Verknüpfung, für die die Kommandozeile wichtige Mechanismen bereitstellt.

Einige Kommandos können ihre Ausgabe zwar beispielsweise in eine Datei schreiben oder Informationen aus einer Datei lesen. Wesentlich flexibler ist allerdings die *Ein- und Ausgabe-Umleitung* der Shell.

Die spitzen Klammern (< und >) zeigen wie Pfeile an, in welche Richtung ein Datenstrom laufen soll, und finden sich hinter dem Kommando. > schreibt die Ausgabe eines Kommandos in eine Datei, deren Name als Ziel hinter die Klammer zu setzen ist. Ein Beispiel:

```
user@linux:~$ date > aktuellesdatum
user@linux:~$ ls aktuellesdatum
aktuellesdatum
user@linux:~$ cat aktuellesdatum
Fr 10. Aug 17:04:45 CEST 2012
```

Mit < liest ein Kommando eine Datei als Datenstrom ein und verarbeitet diesen:

```
user@linux:~$ wc -l < aktuellesdatum
1
```

`wc` liest hier die Datei `aktuellesdatum` ein und gibt die Anzahl der Zeilen in dieser Datei aus, also 1.

Natürlich lassen sich diese Umleitungsoperationen auch in einem Befehlsaufruf miteinander kombinieren:

```
user@linux:~$ wc -l < aktuellesdatum > zeilenzahl
user@linux:~$ cat zeilenzahl
1
```

Das Ergebnis des vorangegangenen Beispiels landet hier über den Operator > wieder in einer neuen Datei namens `zeilenzahl`.

Zwei spitze Klammern (>>) verhindern das Überschreiben einer Datei; die Shell hängt die Ausgabe dann einfach ans Ende der bestehenden Datei an:

```
user@linux:~$ date +%H:%M:%S > aktuellezeit
user@linux:~$ date +%H:%M:%S >> aktuellezeit
user@linux:~$ cat aktuellezeit
17:08:21
17:08:34
```

Der erste Befehl schreibt die aktuelle Uhrzeit über > in eine Datei. Der folgende Aufruf nutzt >>, so dass die Shell die neue Uhrzeit als eigene Zeile am Ende der Datei `aktuellezeit` anhängt.

2> leitet nur die Fehlerausgabe eines Programms in eine Datei um, nicht aber die Ausgabe der ermittelten Werte:

```
user@linux:~$ cat gkhfkjdksh 2> fehler
user@linux:~$ cat fehler
cat: gkhfkjdksh: Datei oder Verzeichnis nicht gefunden
```

Eine Spezialität für die Ausgabeumleitung ist die Datei oder besser: die *Geräte*datei `/dev/null` – sie ist sozusagen das schwarze Loch eines jeden Linux-Systems; was darin landet ist einfach weg. Folglich bietet sich `/dev/null` als Sammelstelle für alle Ausgaben der Kommandozeile an, die man nicht haben und einfach nur loswerden möchte.

3.2.3 Kommando-Pipelines

Die oben beschriebenen Beispiele sind zur Verknüpfung mehrerer Befehle den „Umweg" über Dateien gegangen, in denen Eingaben oder Ausgaben (zwischen)gespeichert waren. Es geht auch einfacher, und zwar über *Pipelines*, kurz *Pipes*. Hier leitet die Shell das Ergebnis eines Befehls als Datenstrom unmittelbar als Eingabe für ein nachfolgendes Kommando weiter. Operator dieser Verknüpfung ist das Pipe-Zeichen (|):

```
user@linux:~$ head -n 5 /etc/passwd | sort
bin:x:2:2:bin:/bin:/bin/sh
daemon:x:1:1:daemon:/usr/sbin:/bin/sh
root:x:0:0:root:/root:/bin/bash
sync:x:4:65534:sync:/bin:/bin/sync
sys:x:3:3:sys:/dev:/bin/sh
```

`head` nimmt die ersten fünf Zeilen der Datei `/etc/passwd`, die die Shell an den Befehl `sort` weiterleitet; das Ergebnis ist eine alphabetisch sortierte Liste. Zu bedenken ist bei diesem Verfahren, dass Zwischenschritte nicht mehr in Dateiform zur Verfügung stehen.

3.2.4 xargs

Noch deutlich komplexere Möglichkeiten der verketteten Datenverarbeitung bietet das Kommando `xargs`. Es erstellt neue Kommandozeilen aus der Standardeingabe und führt sie direkt aus. Mit Hilfe der Pipes kann so jedes beliebige Kommando Informationen liefern, die in immer neue Kommandos münden. Ein simples Beispiel ist, bestimmte Dateien mit `find` zu finden und anschließend mit `xargs` zu löschen.

```
user@linux:~$ find /etc/ -name "*.backup" | xargs rm -v
'/etc/fstab.backup' entfernt
'/etc/passwd.backup' entfernt
```

3.2.5 Reguläre Ausdrücke

Viele Linux-Kommandos kennen bei Filterfunktionen nicht nur einzelne Sonderzeichen, sondern auch sogenannte *Reguläre Ausdrücke* (*Regular Expressions*), auch als *RegEx* oder *RegExp* abgekürzt. Ein regulärer Ausdruck ist sozusagen ein Platzhalter, der (durchaus komplexe) Gruppen von Zeichenketten repräsentiert. Im Zusammenhang mit Globbing war auf Seite 56 mit den Zeichen ? (für ein beliebiges Zeichen) und * (für eine beliebige Zeichenkette) bereits von solchen Platzhaltern die Rede. Die regulären Ausdrücke gehen bei der Beschreibung von „Zeichenmengen" noch einen großen Schritt weiter machen dadurch die Angaben auf der Kommandozeile noch flexibler.

Zwar gibt es verschiedene Implementierungen der RegEx, doch sind die meisten kompatibel mit den *Perl Compatible Regular Expressions* (PCRE).[4] Auch das *Portable Operating System Interface* (POSIX)[5] definiert reguläre Ausdrücke; es ist den PCRE sehr ähnlich, unterscheidet aber etwa einfache und erweiterte RegEx. Welche Art der regulären Ausdrücke und in welchem Umfang sie ein Programm unterstützt, beschreibt dessen Dokumentation.

Reguläre Ausdrücke dienen also allgemein dazu, Texte nach bestimmten, sehr frei definierbaren Mustern zu durchsuchen, um die Ergebnisse weiterverarbeiten zu können.

Wie in der Shell gibt es bei den regulären Ausdrücken Zeichen, die Sonderfunktionen haben: Der Punkt (`.`) steht für ein beliebiges Zeichen, der Zirkumflex (`^`) für den Zeilenanfang oder – innerhalb einer Zeichenklasse – für eine Negierung und das Dollarzeichen (`$`) für das Zeilenende. Wenden wir diese Ausdrücke auf den folgenden Text (den Schluss von Ernst Jandls Gedicht „ottos mops") in einer Datei `otto.txt` an:

```
user@linux:~$ cat otto.txt
ottos mops kommt
ottos mops kotzt
otto: ogottogott
```

Zum Einsatz kommt der Befehl `grep` (vgl. Seite 83), der die Ergebnisse einer Mustersuche zeilenweise anzeigt:

```
user@linux:~$ grep ^ottos otto.txt
ottos mops kommt
ottos mops kotzt
```

`grep` liefert alle Zeilen des Gedichts, da alle mit o beginnen.

```
user@linux:~$ grep tt$ otto.txt
otto: ogottogott
```

Nur für die letzte Zeile trifft das Muster („zwei t am Zeilenende") zu.

Darüber hinaus gibt es Notationen für Zeichenklassen, beispielsweise `[:alnum:]` für alphanumerische Zeichen, `[:blank:]` für jegliche Art von

4 Die Programmier- bzw. Skriptsprache Perl (vgl. auch Seite 35) führte die heute bekannten regulären Ausdrücke in Version 5.0 ein.

5 POSIX definiert verschiedene Schnittstellen als Standard und vereinfacht damit POSIX-kompatiblen Betriebssystemen die Interaktion.

Leerzeichen oder [:upper:] für Groß- und [:lower:] für Kleinbuchstaben. Auch die Angabe von Bereichen ist möglich: [a-f] (die Kleinbuchstaben von a bis f), [0-9] (sämtliche Ziffern) und vieles mehr.

Das folgende Kommando sucht die Zeilen, in denen der Buchstabe o, gefolgt von den Buchstaben zwischen i und m, vorkommt.

```
user@linux:~$ grep  o[i-m] otto.txt
ottos mops kommt
```

Darüber hinaus gibt es die folgenden vordefinierten Zeichenklassen:

\d
: eine Ziffer [0-9]

\D
: ein Zeichen, das keine Ziffer ist, also [^\d]

\w
: ein Buchstabe, eine Ziffer oder der Unterstrich, also [a-zA-Z_0-9] und eventuell weitere Buchstaben, zum Beispiel Umlaute

\W
: ein Zeichen, das weder Buchstabe noch Zahl noch Unterstrich ist, also [^\w]

\s
: Leerzeichen und die Klasse der Steuerzeichen \f (Seitenvorschub), \n (Zeilenumbruch), \r (Wagenrücklauf), \t (Tabulator) und \v (vertikaler Tabulator)

\S
: ein Zeichen, das kein Leerraum (Whitespace) ist, also [^\s]

Alle Kombinationen von regulären Ausdrücke basieren auf prinzipiell drei Operationen: *Alternative*, *Verkettung* und *Wiederholung*.

Ein vertikaler Strich (das Pipezeichen |) markiert eine Alternative. Aber auch Zeichenklassen, eingeschlossen in eckige Klammern ([und]) weisen Alternativen aus. Mit einer Start- und Endziffer oder Buchstaben mit einem Minus (-) dazwischen lassen sich innerhalb eckiger Klammern Bereiche definieren.

Auch Wiederholungen kann der Benutzer sehr fein definieren. Ein Fragezeichen (?) steht für einen Ausdruck, der einmal vorhanden sein kann, aber nicht muss. Ein Asterisk (*) steht für „beliebig oft“, was auch die Anzahl null, also „nicht vorhanden“, einschließt. Ein Plus (+) steht für „mindestens einmal“, kann also ein oder beliebig viele Vorkommen des Ausdrucks treffen.

Geschweifte Klammern ({ und }) lassen noch genauere Definitionen zu: Eine so eingeschlossene Zahl fordert die Wiederholung entsprechend oft ein. Eine Zahl gefolgt von einem Komma innerhalb der geschweiften Klammern gibt einen Mindestwert für die Anzahl der Wiederholungen an. Zwei Zahlen von einem Komma getrennt in geschweiften Klammern stehen schließlich für einen fest definierten Bereich von Wiederholungen.

Zeichen sind immer miteinander verkettet, das heißt, der Benutzer definiert die gewünschte Reihenfolge. Doch alle anderen Operationen (zum Beispiel die Wiederholung im vorherigen Absatz) haben dabei eine stärkere Bindung. Wer jedoch der Verkettung eine stärkere Bindung zuweisen will, umschließt sie mit runden Klammern `(` und `)`.

Will der Anwender die Zeichen `[ ] ( ) { } | ? + - * ^ $ \ .` ohne ihre Sonderbedeutung, als druckbares Zeichen, benutzen, muss er sie *escapen*, also der Umgebung mitteilen „Achtung, jetzt das Zeichen ohne Meta-Bedeutung". Dies geschieht mit einem vorangestellten Backslash (\).

Spätestens jetzt sollte deutlich geworden sein, *wie* komplex, aber eben auch mächtig reguläre Ausdrücke sein können und welche Flexibilität sie dem Benutzer bei der Arbeit bieten; nicht zufällig füllt das Thema ganze Bücher. Was auf den ersten, unerfahrenen Blick überladen scheint, erweist sich in der Praxis sehr schnell als überaus hilfreich oder gar notwendig.

Stellen Sie sich einen Administrator vor, der für die Mailserver eines Internet-Providers mit Tausenden E-Mail-Adressen zuständig ist. In den Wochen zuvor gab es eine Flut von Spam-Mails, und die Aufgabe lautet nun: „Suche in den Log-Files der vergangenen zwei Wochen alle Nachrichten, die im Betreff bestimmte Wörter enthalten, deren Absenderadresse von einer bestimmten Top-Level-Domain kommt und die über Server aus einem bestimmten Netzbereich verschickt wurden."

Aufgaben dieser Art sind – das sollte deutlich geworden sein – ohne Filter nicht zu lösen. Das Potential aus der Verbindung von Linux-Kommandos, Shell und regulären Ausdrücken lässt sich hier nur andeuten und soll vor allem zu weiteren Recherchen anregen. Hier noch einige Beispiele für funktionierende reguläre Ausdrücke, sozusagen als „Appetitanreger":

`abc`
: die Zeichenkette „abc"

`(abc|xzy)`
: die Zeichenkette „abc" oder "xyz"

`[abcx-z0-9]`
: eines der Zeichen „a", „b", „c", „x", „y", „z" oder eine Ziffer

`^.$`
: genau ein beliebiges Zeichen in der Zeile

`^#`
: die Zeile beginnt mit einer Raute (derartige Formatierungen sind häufig als Kommentare in Shellskripten zu finden)

`\w+\.[a-zA-Z0-9]{2,}`
: ein oder mehr Buchstaben, Ziffern oder Unterstriche, dann ein Punkt, gefolgt von mindestens zwei Buchstaben und/oder Ziffern

`^(?:(?:25[0-5]|2[0-4][0-9]|[01]?[0-9][0-9]?)\.){3}(?:25[0-5]|2[0-4][0-9]|[01]?[0-9][0-9]?)$`
: eine IPv4-Adresse

`^(((?:(?:(?:\w[\.\-\+]?)*)\w)+)\@((?:(?:(?:\w[\.\-\+]?){0,62})\w)+)\.(\w{2,6})$`
: eine gültige E-Mail-Adresse

3.3 Befehle in ein Skript umwandeln

3.3.1 Grundlagen der Textbearbeitung: pico, nano und vi

Shellskripte sind kleine Textdateien mit Shell-Befehlen. Alle Funktionen der Bash stehen zur Verfügung, und manches lässt sich hier einfacher eingeben. Wer solche Programme, die die Shell prinzipiell Zeile für Zeile abarbeitet, schreiben oder bearbeiten will, braucht einen Texteditor. Auch davon gibt es zahlreiche Alternativen unter Linux; `pico`, `nano` und `vi` stehen hier stellvertretend für viele andere.

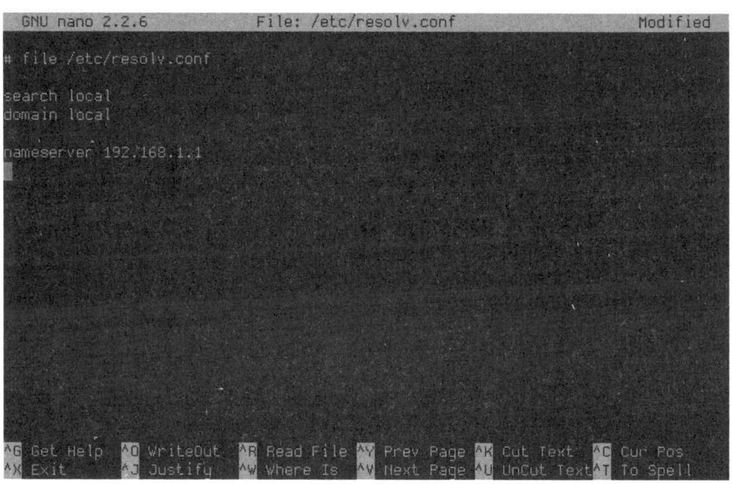

Abbildung 3.1: Im Texteditor `nano` wird die Datei `/etc/resolv.conf` bearbeitet.

Der Texteditor `pico` stammt ursprünglich aus dem textbasierten E-Mail-Programm der Universität Washington `pine`[6]. Dort diente er lange Jahre als E-Mail-Composer zum Verfassen von Mails – daher auch der Name: „*Pi*ne *Co*mposer". Vom GNU-Projekt stammt der `pico`- Klon `nano`[7]. Beide lassen sich über Tastenkombinationen aus `[Strg]` und einem Buchstaben steuern, wobei eine Hilfezeile immer die aktuell möglichen Tastenkombinationen am unteren Bildschirmrand anzeigt.

Fortgeschrittene Benutzer fühlen sich oft mit dem Editor `vi` oder einem seiner zahlreichen Klone, vor allem dem im Funktionsumfang stark erweitertem `vim`[8], wohler. Das Bedienkonzept lässt deutlich effektiveres Arbeiten zu, ist aber nicht immer intuitiv und erfordert zumindest einige Einarbeitungszeit. So gibt es einen Editormodus und einen Kommandomodus. Letzterer läuft standardmäßig nach dem Programmstart, er ist dazu gedacht, verschiedene Funktionen auszuführen. Ein Großteil der Kommandos beginnt mit einem Doppelpunkt. Tippt man im Kommandomodus `:w` („write") wird die Datei gespeichert, `:e` („edit") öffnet eine neue Datei zum Bearbeiten und `:q` („quit") beendet den Editor. Wer bei `:w` und `:e` einen Dateinamen nennt, speichert in dieses File oder öffnet es. Manche Kommandos sind auch kombinierbar: `:wq` speichert die Datei und beendet `vi`.

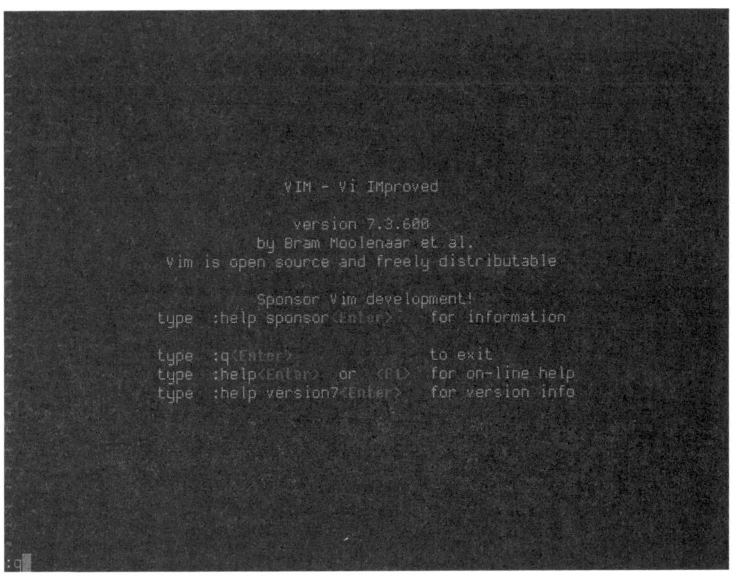

Abbildung 3.2: Der Texteditor `vim` zeigt nach dem Start den integrierten „Startbildschirm".

[6] `http://www.washington.edu/pine/`

[7] In der Welt der freien Software trifft man – gerade wenn es um Programmnamen geht – immer wieder auf Wortspiele. Obwohl der Ursprung des Namens `pico` ein anderer ist, ist er auch ein Präfix bei Maßeinheiten. So war es naheliegend, den Klon ebenfalls nach einem solchen Präfix zu benennen.

[8] Vim steht für *V*i *IM*proved.

TIPP:
Es gibt für `vim` verschiedene Aufrufe, unter anderem `view`, um eine Datei mit `vim` und so mit allen Highlightings anzuzeigen, ohne den Editor-Modus zu aktivieren. Mittels `vimtutor` startet `vim` direkt mit dem interaktiven Tutorial.

In den Editormodus gelangt der Anwender mit `i` (ohne Doppelpunkt!). Jetzt lässt sich auf den meisten Distributionen der Text wie gewohnt bearbeiten und mit den Pfeiltasten navigieren[9]. Zurück in den Kommandomodus gelangt der Anwender jederzeit mit `[Esc]`. Der kleine Editor besitzt umfangreiche Funktionen, zum Beispiel für die Automatisierung oder das Einbetten von externen Programmen. Im Internet finden sich dazu zahlreiche gute Schritt-für-Schritt-Tutorials.[10]

3.3.2 Grundlagen von Shellskripten

Wenn sich Vorgänge häufig wiederholen und Benutzer immer wieder die gleichen Befehlsfolgen benötigen, ist es sinnvoll, sie in eine Datei zu schreiben und diese bei Bedarf aufzurufen. Genau genommen wäre bereits das ein Skript, doch sind einige wichtige Vorgaben zu beachten.

Saubere Shellskripte beginnen immer mit der Zeile `#!/bin/sh` bzw. `#!/bin/bash`. Die *Shebang* genannte Zeichenkombination `#!` übergibt dem Betriebssystem einen Pfad zu dem Programm, mit dem es das Skript ausführen soll – in der Regel eine Shell oder eine Programmiersprache. Auch Perl- oder Python-Skripte lassen sich so starten.[11] Sonst gilt die Raute (#) als Kommentarzeichen in Shellskripten: Alles, was danach in einer Zeile steht, wird die Bash ignorieren und gilt als Kommentar. Üblicherweise vermerkt hier der Programmierer für sich und andere, was das Skript bei der Ausführung an dieser Stelle macht.

Der Aufruf eines Shellskripts erfolgt wie der eines Kommandos, d. h. über den Namen der Datei auf der Kommandozeile. Allerdings müssen die Dateirechte so gesetzt sein, dass die Shell sie als „ausführbare Datei“ erkennt (vgl. Seite 140). Die Datei `meinskript.sh` wäre wie folgt ausführbar zu machen:

```
user@linux:~$ chmod u+x meinskript.sh
```

Darüber hinaus muss sich das Verzeichnis, in dem das Skript liegt, im Suchpfad (Umgebungsvariable `PATH`) der Shell befinden (vgl. Seite 54). Im aktu-

[9] Im klassischen `vi` zu Zeiten von XT- und AT-Tastaturen ohne Cursor-Block ersetzen die Tasten `[k]`, `[h]`, `[l]` und `[j]` die vier Pfeiltasten auf, links, rechts und ab. Diese Zuordnung funktioniert auch heute noch in `vi` und seinen Klonen.

[10] Zum Beispiel: `http://blog.interlinked.org/tutorials/vim_tutorial.html`

[11] `#!/usr/bin/perl` oder `#!/usr/bin/python`

ellen Verzeichnis erfolgt der Aufruf, indem der Benutzer die Zeichenfolge ./ dem Dateinamen voranstellt:

```
user@linux:~$ ./meinskript.sh
[...]
```

3.3.3 Variablen, Textein- und -ausgabe mit read und echo

Mit der Anweisung echo, gefolgt von einer Zeichenkette, gibt ein Skript die Zeichen an den Benutzer aus, im folgenden Beispiel „Hallo Welt".

```
#!/bin/sh
echo "Hallo Welt"
```

Wer Werte oder Zeichenfolgen innerhalb eines Skriptes (zwischen-)speichern will, nutzt Variablen. Die auf Seite 58 angesprochene Variablensubstitution funktioniert auch in Skripten:

```
#!/bin/sh
VAR="Hallo Welt"
echo "In der Variablen steht: ${VAR}"
```

Natürlich lässt sich von einem Skript auch auf alle bereits vor seinem Aufruf definierten Umgebungsvariablen zugreifen:

```
#!/bin/sh
echo "Im Suchpfad befinden sich: ${PATH}"
```

wird beispielsweise folgende Ausgabe erzeugen:

```
Im Suchpfad befinden sich: /bin:/usr/bin:/usr/local/bin
```

Das Kommando read erlaubt es, Benutzereingaben in Skripten anzunehmen und zu verwerten:

```
#!/bin/sh
echo "Hallo Benutzer, wie geht es dir?"
read VAR
echo "So, dir geht es also ${VAR}."
```

Auch die Kommandosubstitution funktioniert in einem Shellskript:

```
#!/bin/sh
echo "Es befinden sich hier $(find | wc -l) Dateien und Verzeichnisse."
```

Wer vorhat, die Ausgabe eines Kommandos mehrfach zu benutzen, speichert sie in einer Variablen. Dann braucht er den Befehl nur einmal ausführen, kann aber beliebig oft darauf zugreifen. Gerade bei rechenintensiven oder langwierigen Kommandos ist das sinnvoll:

```
#!/bin/sh
COUNT="$(find | wc -l)"
echo "Es befinden sich hier ${COUNT} Dateien und Verzeichnisse."
```

3.3.4 Argumente

Neben den frei vom Anwender definierbaren gibt die umgebende Shell auch vordefinierte Variablen an das Skript weiter. Durchnummeriert und mit „1“ beginnend, findet der Skript-Programmierer die Argumente, die er beim Programmaufruf übergeben hat. Die spezielle Variable `${0}` enthält immer den Namen des aufgerufenen Skriptes.

```
#!/bin/sh
echo "Dieses Skript heißt ${0} und das erste Argument lautet: ${1}"
```

Der Aufruf sieht dann wie folgt aus:

```
user@linux:~$ ./meinskript.sh Test
Dieses Skript heißt ./meinskript.sh und das erste Argument lautet: Test
```

3.3.5 Rückgabewerte

Wer wissen will, ob ein Kommando erfolgreich war oder nicht, lässt sich das über einen sogenannten *Rückgabewert* mitteilen. Ein Rückgabewert von 0 bedeutet Erfolg. Jede andere Zahl deutet auf einen Fehler hin. Die Dokumentation des jeweiligen Kommandos gibt Auskunft über die genaue Bedeutung. Den Rückgabewert selbst kann der Programmierer wiederum über eine spezielle Variable namens `${?}` abfragen.

```
#!/bin/sh
true
echo "Das Kommando 'true' gibt immer ${?} zurück,"
false
echo "der Befehl 'false' hingegen stets ${?}."
```

Logische Operatoren erlauben es, auf den Rückgabewert zu reagieren. Direkt hinter ein Kommando geschrieben, sorgt der logische UND-Operator (&&) dafür, dass das folgende Kommando nur dann ausgeführt wird, wenn sich ersteres erfolgreich beendet hat. Mit dem logischen ODER-Operator (||) verhält es sich genau umgekehrt: Hier wird das zweite Kommando nur dann ausgeführt, wenn das erste nicht erfolgreich war.

```
#!/bin/sh
true && echo "Diese Zeile wird ausgegeben, weil 'true' immer
erfolgreich ist."
false || echo "Diese ebenfalls, da 'false' immer fehlschlägt."
```

Ein Shellskript selbst gibt natürlich auch einen Rückgabewert zurück, und zwar den Rückgabewert des letzten im Skript ausgeführten Kommandos. Aber auch darauf kann der Anwender Einfluss nehmen: Der Befehl `exit`, gefolgt vom gewünschten Rückgabewert, beendet ein Skript mit dem gewünschten Ergebnis.

3.3.6 if, test und case

Ein Klassiker vieler Programmiersprachen sind Bedingungen. Sie erlauben es auch dem Shell-Programmierer, auf verschiedene Gegebenheiten innerhalb eines Skriptes zu reagieren. An der Shell dient dazu die Anweisung `if`, gefolgt von einem Test. Letzterer lässt sich unter Linux am einfachsten mit eckigen Klammern definieren, analog zu folgendem Listing:

```
#!/bin/sh
echo "Sind Sie sicher?"
read VAR
if [ "${VAR}" = "ja" ]; then
        echo "Sie sind also sicher."
elif [ "${VAR}" = "nein" ]; then
        echo "Sie sind sich wohl nicht sicher."
else
        echo "Das verstehe ich nicht..."
fi
```

Nach der schließenden Klammer folgt ein Strichpunkt und die Anweisung `then`, gefolgt von einem Block aus Befehlen. `elif` gibt alternative Verfahren vor, während der Block nach `else` in allen anderen Fällen zur Ausführung kommt. Das abschließende `fi` teilt dem Skript mit, dass der Block hier zu Ende ist.

Die öffnende eckige Klammer (`[`) im Beispiel oben ist tatsächlich ein eigenes Kommando und gleichbedeutend mit dem Befehl `test`. Der bietet umfangreiche Funktionen zum Vergleich von Zeichenketten (= und `!=`) und von numerischen Ausdrücken (`-eq` („equal to"), `-ge` („greater than or equal to"), `-gt` („greater than"), `-le` („less than or equal to"), `-lt` („less than"), `-ne` („not equal to")).

Außerdem kann der Anwender damit verschiedene Eigenschaften von Dateisystemobjekten testen, zum Beispiel `-e` („Objekt existiert"), `-f` („das Objekt existiert und ist eine Datei"), `-s` („die Datei ist größer 0 Byte"), `-d` („das Objekt ist ein Verzeichnis"), `-r` („mit Lesezugriff"), `-x` („die Datei ist ausführbar" beziehungsweise „ein Verzeichnis kann betreten werden") und `-w` („das Objekt ist schreibbar").

```
#!/bin/sh
if [ -e "${1}" ]; then
        echo "Die Datei ${1} existiert."
else
        echo "Die Datei ${1} existiert nicht.."
fi
```

Alternativ zu `if`-Tests kann der Benutzer in Shellskripten auch mit der `case`-Anweisung arbeiten, was sich häufig bei längeren Listen von möglichen Befehlsblöcken anbietet und die bisweilen schwierigen Aufrufe von `test` vermeidet:

```
#!/bin/sh
echo "Sind Sie sicher?"
read VAR
case "${VAR}" in
        ja)
                echo "Sie sind also sicher."
                ;;
        nein)
                echo "Sie sind sich wohl nicht sicher."
                ;;
        *)
                echo "Das verstehe ich nicht..."
                ;;
esac
```

`esac` erfüllt hierbei die gleiche Funktion wie `fi` bei dem `if`-Block.

3.3.7 for- und while-Schleifen

Oftmals soll ein Skript gleiche oder ähnliche Abfolgen mehrmals hintereinander durchlaufen. Hier erweisen sogenannte *Schleifen* wichtige Dienste. Damit veranlasst der Benutzer sein Skript, einen Befehl oder einen Block immer wieder auszuführen, bis eine Bedingung erfüllt ist. Diese Bedingung kann eine Anzahl sein, aber auch der erfolgreiche Abschluss eines Tests.

Die typische Schleife unter Linux ist die `for`-Schleife. In ihr weist der Anwender einer Variablen (typischerweise mit dem Namen `I` oder `i`) mehrere Werte zu (nach dem Schlüsselwort `in`). Einen Wert nach dem anderen arbeitet die Schleife ab, wobei der jeweils aktuelle für genau diesen Durchgang in der Variablen `I` landet. Beim nächsten Durchlauf findet sich hier der nächste Wert aus der Liste. Ist sie abgearbeitet, beendet sich die Schleife. Innerhalb eines Skriptes definiert die Zeile mit `for` und `do` den Beginn, das Schlüsselwort `done` das Ende der Schleife:

```
#!/bin/sh
for I in 1 2 3 4; do
        echo "Dies ist der ${I}. Durchlauf."
done
```

Die Liste der von `for` zu verwendenden Werte lässt sich auch dynamisch generieren, etwa mit Kommandosubstitution wie im folgenden Beispiel:

```
#!/bin/sh
for I in $(seq 1 100); do
        echo "Dies ist der ${I}. Durchlauf."
done
```

Auch Zählschleifen wie in höheren Programmiersprachen sind möglich, wenn auch nicht unbedingt so verbreitet wie etwa in der Sprache C[12].

```
#!/bin/sh
for (( I=1; I<=100; I++ )); do
        echo "Dies ist der ${I}. Durchlauf."
done
```

Wer vorher noch nicht weiß, wie oft sein Skript eine Schleife durchlaufen muss, greift zur `while`-Schleife. Das Skript bricht dann erst ab, wenn die Bedingung per Rückgabewert einen Fehler signalisiert. Zum Beenden der `while`-Schleife genügt ein abschließendes `done`.

```
#!/bin/sh
while [ $(find -type f | wc -l) -gt 100 ]; do
        echo "Es befinden sich mehr als 100 Dateien im Verzeichnis."
        sleep 1
done
```

Im Beispiel gibt des Skript jede Sekunde den Satz „Es befinden sich mehr als 100 Dateien im Verzeichnis.“ aus, bis die Bedingung nicht mehr erfüllt wird, der Anwender also entsprechend viele Dateien löscht. Wird die Bedingung schon vorher nicht erfüllt, wird die Schleife kein einziges Mal durchlaufen.

3.4 Aufgaben

1. Welche Kompressionsverfahren stehen dem Befehl `tar` direkt zur Verfügung?
   - `bzip2`
   - `zip`
   - `xz`
   - `gzip`
   - `rar`
2. Welche Aussage zum Kommando `wc` stimmt *nicht*?
   - Das Kommando `wc` ermittelt die Anzahl der Wörter in einer Datei.
   - Das Kommando `wc` ermittelt die Anzahl der Zeichen in einer Datei.
   - Das Kommando `wc` ermittelt die Anzahl der Zeilen in einer Datei.
   - Der Name des Kommandos `wc` leitet sich von „Word Count“ ab.
   - Das Kommando `wc` ermittelt die Anzahl der Sätze in einer Datei.

[12] C oder C++ sind höhere Programmiersprachen. Diese werden kompiliert und erzeugen effektivere Programme, dafür ist der Programmieraufwand meist deutlich höher.

3. Welche Schlüsselwörter leiten in einem Shellskript eine Schleife ein?

   - `for`
   - `if`
   - `while`
   - `fi`
   - `when`

4. Erklären Sie den Unterschied zwischen den in der Bash verfügbaren Schleifentypen `for` und `while`!

5. Was bedeuten die eckigen Klammern in einem Shellskript? Wie lassen sie sich mit dem Befehl `if` kombinieren? Warum tauchen sie bei dem Beispiel mit dem Kommando `case` nicht auf?

6. Erklären Sie die folgenden regulären Ausdrücke:

```
^(\w+ ){3,5}\w+$
```

```
^\+?[- /0-9]{5,}$
```

```
http://(\w+\.)+\w{2,3}/
```

4 Das Betriebssystem

Von der Sicht des Benutzers, der Werkzeuge versteht und einsetzt, begibt sich dieses Kapitel zu Beginn wieder in die Vogelperspektive, um das Betriebssystem Linux als Ganzes in den Blick zu nehmen und mit anderen OS zu vergleichen. Wenn es heißt, das Betriebssystem steuere „die Hardware“ – welche Teile sind dann gemeint und wie erfolgt diese Steuerung? Zuletzt geht es um die Verbindung von Rechnern im Netzwerk: Welche Standards und Tools stehen hier dem Administrator zur Verfügung?

4.1 Die Wahl des Betriebssystems

Linux stand lange in dem Ruf, ein exzellentes Betriebssystem für Nerds und Hacker zu sein, sich aber nicht oder nur schlecht für den typischen Desktop-Anwender zu eignen. Auch wenn es auf Jahrzehnte alten Unix-Strategien aufbaut, gehört es doch eher zu den jungen Betriebssystemen und kann erst seit einigen Jahren das bieten, was Benutzer auf dem PC schätzen.

Unter anderem weil es bisweilen mehr Einarbeitung verlangte, liegt der Marktanteil von Linux auf dem Anwender-Desktop weit hinter dem von Microsoft oder Apple, während es im Serverbereich bis zu 80 Prozent der Systeme stellt – zum Beispiel bei Webservern. Dieses Kapitel wirft einen Blick auf die wesentlichen Unterschiede zwischen den Systemen und zeigt, wie sie unter Linux Hardware, Datenspeicher, Prozesse und das Netzwerk verwalten.

4.1.1 Microsoft Windows

Ende 1985 veröffentlichte Microsoft die erste Version von *Microsoft Windows*. Dessen grafische Oberfläche stellte aber zunächst nur eine Erweiterung des eigentlichen Betriebssystems, des befehlszeilenorientierten *MS-DOS* dar. Der Rechner startete zunächst DOS[1] und lud danach Windows (über den Befehl `win`). Erst 1993, mit der Veröffentlichung von Windows NT, verzichtete Microsoft auf die MS-DOS-Basis und realisierte dessen Eingabeaufforderung in einem Terminalfensters an der grafischen Oberfläche. Gleichzeitig führte der Hersteller auch erstmals das Konzept eines *Kernel*s in das Windows-System ein.

Abbildung 4.1: Microsoft Windows 7

[1] Das *D*isc *O*perating *S*ystem ist ein festplattenorientiertes oder (allgemeiner) datenträgerorientiertes Betriebssystem; alle DOS-Versionen liefen auch von Disketten.

Für Herbst 2012 plant Microsoft die Veröffentlichung einer neuen Windows-Version: Windows 8, das sich an die Bedienung von Microsofts Spielekonsole *XBox 360* anlehnt und versucht, ein neue, einheitliche Erfahrung bei der Nutzung von PCs, Smartphones, Tablets und anderen Geräten zu erreichen. Dafür bricht der Hersteller mit der bisher stets fast identischen Oberflächengestaltung.

Die Marktmacht von Microsoft ist gewaltig: Selbst der überzeugteste Linux-Verfechter kommt praktisch nicht an Windows vorbei. Sowohl im privaten als auch geschäftlichen Umfeld ist es immer noch der Defacto-Standard. Nahezu alle verfügbaren PCs sind bei Auslieferung mit einem vorinstallierten Windows ausgestattet. Die kostenpflichtige OEM-Lizenz[2] ist in den Kaufpreis einkalkuliert, ein kleiner Aufkleber mit Hologramm auf dem Gerät zeugt davon, und die Hersteller tun viel dafür, ihre Hardware als „Windows Ready" bezeichnen zu dürfen.

Manche PC-Anbieter bieten allerdings auch Geräte mit einem vorinstallierten Linux oder ganz ohne Betriebssystem an (sog. *Barebone-Systeme*). Nicht selten lohnt sich eine Anfrage beim Lieferanten, gelegentlich gibt es das Barebone-System günstiger, wenn man sich die Windows-Lizenz spart.

4.1.2 Apple Mac OS

Noch ein Jahr älter als Microsoft Windows ist das Betriebssystem von Apple mit dem Namen *Mac OS*. Im Gegensatz zu Microsoft Windows, das auf sehr unterschiedlicher Hardware läuft,[3] hat Apple nie auf PC-kompatible Geräte gesetzt, sondern immer eigene Hardware für sein Betriebssystem entwickelt. Durch diese Beschränkung auf wenige Geräte hat sich Mac OS einen sehr guten Ruf erworben, indem Apple selbst für die Qualität der Treiber sorgt und schlechte Implementierungen erst gar nicht zulässt. Die Firma setzte lange auf Motorolas Prozessor-Architektur *PowerPC*, bevor mit *Mac OS X*[4] auch die für PCs typische Intel-Architektur als Basis dienen konnte.

Basis für Mac OS X ist ein Kernel mit dem Namen XNU, der von einem BSD-Derivat (vgl. Seite 41) abstammt. Auch das aktuelle Apple-Betriebssystem hat also seine Wurzeln in Unix und benutzt das Kernel-Konzept – es ist quasi ein entfernter Verwandter von Linux.

Wie Microsoft Windows ist auch Mac OS X nicht im Quellcode verfügbar und verfolgt zudem völlig andere Konzepte als Linux. Wer betriebssystemübegreifend Programme anderer OS einsetzen will, muss einen sogenann-

[2] *Original Equipment Manufacturer*-Lizenzen sind (die meist sehr günstigen) Ausgaben einer Software für Erstausrüster von Hardware.

[3] Die Hardware-Hersteller können beziehungsweise müssen hier selbst für Treiber und Software sorgen, Microsoft unterstützt sie aber dabei und integriert Treiber von Dritten in neue Versionen seines OS oder auch in Updates.

[4] Das X steht übrigens für 10 als Versionsbezeichnung.

ten Emulator[5] benutzen. Dennoch werden sich Linux-Anwender in der Konsole von Mac OS X schnell zurechtfinden, da das zugrundeliegende BSD viele auch unter Linux bekannte Programme bietet.

Abbildung 4.2: Apple Mac OS X

4.1.3 Linux

Linux begann als kleines Projekt des Studenten Linus Torvalds (siehe Kapitel 1). Im Juli 2011 veröffentlichten die Entwickler die Version 3.0 des Kernels. Im Gegensatz zu den Versionen 1.0 und 2.0 war dies jedoch kein besonderer Meilenstein in der Entwicklung, auch wenn die Veröffentlichung wohl nicht ganz zufällig um den 20. Jahrestag des freien OS lag.

Linus Torvalds war der Meinung, es sei an der Zeit, von dem bis dahin üblichen Versionierungsschema mit allzu vielen Anhängseln an den Versionsnummern wegzukommen. Seit der Version 3.0 wird bei jedem neuen Release die zweite Stelle hochgezählt und die dritte Stelle für eventuelle Updates innerhalb des Releases genutzt. Bei früheren Kerneln war die Versionierung etwas komplizierter und weniger transparent.

[5] Ein Emulator stellt eine Umgebung für ein Programm bereit, die dem von der Software erwarteten Betriebssystem oder Hardware so nahe wie möglich kommt. Dabei nutzt er Techniken der Virtualisierung. Die Flexibilität bezahlt der Benutzer dabei jedoch bei den meisten Emulatoren mit einer geringeren Arbeitsgeschwindigkeit.

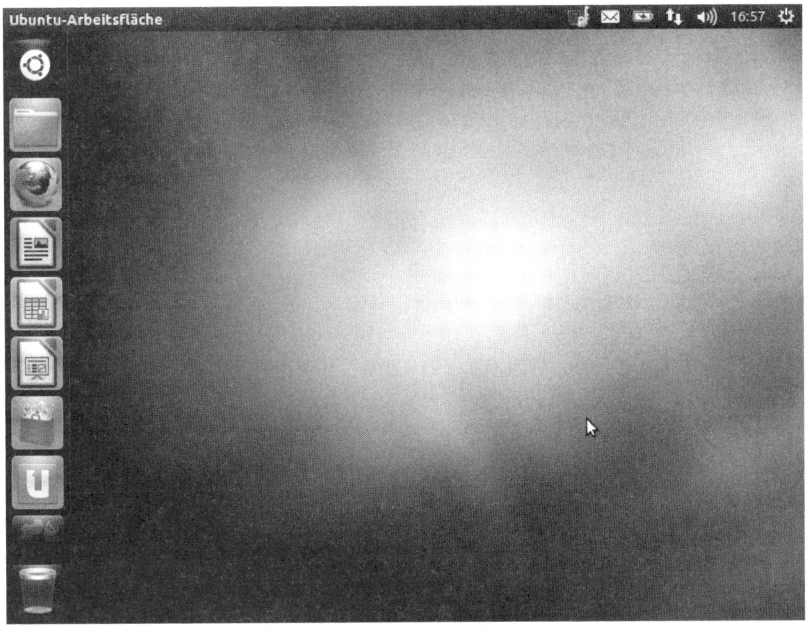

Abbildung 4.3:
Ubuntu Linux 12.04

Aber der Kernel selbst ist nur die Schnittstelle zwischen Hard- und Software. Hat er den PC mit seinen Komponenten initialisiert, startet er das erste Kommando, meist `init`, das dann wiederum die anderen installierten Programme und zu startenden Dienste triggert.[6]

Genau wie die alten Windows-Versionen kommt Linux zunächst ohne grafische Oberfläche aus. Wenn der Anwender die Oberfläche nicht startet oder deaktiviert, zeigt sich ihm nur ein schwarzer Monitor mit einer Login-Möglichkeit (vgl. Seite 51). Diese für Server typische Einsatzweise spart Ressourcen und verhindert potenzielle Sicherheitslöcher in der GUI-Software. Desktop-Installationen starten dagegen immer mit einer grafischen Oberfläche wie KDE, Gnome oder Unity.

Trotz der verschiedenen Oberflächen sind fast alle Programme in der Lage, auch unter den anderen Oberflächen zu laufen. So gehört das Brennprogramm `K3b`[7] eigentlich zur KDE-Oberfläche, lässt sich aber auch unter allen anderen Oberflächen nutzen. Einzige Voraussetzung dabei ist, dass Teile

[6] Neben dem alten Init-Verfahren, das noch aus dem Zeitalter von Unix *System V* stammt, gibt es inzwischen verschiedene Systeme wie *Upstart* oder *systemd*, die den Start des Linux-Systems durch Parallelisierung mitunter deutlich beschleunigen.

[7] `http://www.k3b.org`, ein Tool um CD-ROMs, DVDs oder Blurays zu beschreiben, ähnlich der Nero Suite für Windows.

des KDE-Desktops (die Basis-Bibliotheken), installiert sind. Analog laufen alle Gnome-Programme unter KDE oder LXDE-Tools auf Gnome.

Bei allen Linux-Desktops hat der Anwender umfangreiche Möglichkeiten, sich seine Oberfläche und damit das Aussehen und die Funktionalität des Systems anzupassen. Die meisten bieten dafür ausgereifte Einstellungsdialoge oder eine Art *Systemsteuerung*. Darüber hinaus kann der Anwender in der Regel durch simples Editieren der Konfiguration, die als Klartextdateien vorliegt, individuelle Einstellungen vornehmen – wenn er die richtige Datei findet (siehe Kapitel 5).

4.1.4 Lebenszyklus von Distributionen

Die Welt der Software steht nie still – permanent entwickeln Programmierer ihren Code weiter. Entsprechend legen sich auch Distributionen Strategien zurecht, um ihre Systeme zu aktualisieren und mit dem Fortschritt mitzuhalten.

In den meisten Fällen laufen daher die Entwicklungen in zwei oder mehr Versionen gleichzeitig: Mindestens eine Version ist als „aktuell stabil" gekennzeichnet. Diese Version erhält Korrekturen für Fehler und Sicherheitslücken, jedoch keine neuen Funktionen. So ist gewährleistet, dass funktionsfähige Systeme auch weiterhin funktionieren. Der Support-Zeitraum ist schon zum Zeitpunkt der Veröffentlichung bekannt, so weiß der Systemadministrator im Vorfeld, wie lange er Unterstützung erwarten kann.

Für gewöhnlich folgen Distributionen einem festen *Release-Zyklus*, einem definierten Zeitraum bis zur nächsten stabilen Version. Dem Systemverwalter bleibt der Zeitraum bis zum EOL[8] einer eingesetzten Version, um ein Upgrade auf die aktuelle Version durchzuführen.

Große Distributionen bieten oft auch Versionen mit *Long Time Support*[9] an. Diese werden deutlich länger mit Updates versorgt, so ist das Upgrade auf die nächste Version erst nach einem deutlich längeren Zeitraum nötig. Interessant ist dies vor allem für den Unternehmenseinsatz.

Daneben befindet sich eine Version in der Entwicklung. Sie erhält die neueste Software, ist entsprechend noch nicht ausreichend getestet und kann noch zahlreiche Fehler enthalten. Im *Beta-Stadium* friert das Entwicklerteam die Version dann ein (*Code Freeze*) – neue Funktionen werden nicht mehr aufgenommen, bestehende Fehler weitestgehend behoben. Erst wenn ein entsprechend stabiler Betrieb gewährleistet ist, kommt es zur Veröffentlichung: Die Version gilt als stabil, die Entwicklung der nächsten beginnt.

Einige Distributionen wählen einen anderen Weg: Es gibt keine festen Versionen; vielmehr wird in einem als *Rolling Release* bekannten Prozess ak-

[8] *E*nd *o*f *L*ife – der Zeitpunkt, an dem der Support eingestellt wird.

[9] Auch die beiliegende Ubuntu-Version 12.04 ist eine LTS-Version.

tuelle Software ständig in die Distribution aufgenommen. Üblicherweise werden die neuen Pakete zunächst als instabil gekennzeichnet, erst wenn eine gewisse Anzahl Test-Anwender keine *Regressions* gefunden hat, wird das Update an alle Anwender verteilt. Rolling-Release-Distributionen wie Arch Linux und Gentoo sind typischerweise sehr aktuell, eignen sich allerdings wenig für den Unternehmenseinsatz: Definierte Funktionen sind nicht zu jedem Zeitpunkt garantiert.

4.2 Hardware verstehen

Neben dem Betriebssystem und der installierten Software steckt in gängigen PCs eine umfangreiche Sammlung an Hardware, die immer komplexer und kleiner wird. Sogenannte Single-Chip-PCs vereinen zahlreiche Komponenten auf einer Mini-Platine und Embedded Systems kommen in immer mehr Szenarien zum Einsatz. Dennoch gibt es einige Bauteile, die sich in (fast) allen üblichen Rechnern finden.

4.2.1 Mainboard

Das *Mainboard*, auch *Hauptplatine* oder *Motherboard* genannt, führt in einem PC alle anderen Komponenten zusammen. Es enthält Steckplätze für die CPU, Grafikkarte, Hauptspeicher und Erweiterungskarten sowie Anschlüsse für weitere Geräte und einige feste Bauteile, die für die Kommunikation zwischen den Komponenten zuständig sind.

Abbildung 4.4: Mainboard

Das Mainboard ist fest in das Rechnergehäuse eingebaut. Je nach Format, Bestückung und Verkabelung gibt es die mögliche Gehäusegröße vor. Während die ersten PC-Mainboards in der Anfangszeit platinengrün waren, gibt es sie heute in den verschiedensten Farben. Computer-Bastler, sogenannte *Modder*, verwenden viel Zeit und Energie darauf, das Innere ihres PCs stylish aussehen zu lassen.

4.2.2 CPU

Die *Central Processing Unit* (CPU) oder der *Hauptprozessor* ist für die Datenverarbeitung zuständig. Ohne ihn könnte der PC nicht funktionieren. In dem meist quadratischen Chip findet sich nicht nur die Logik für die Verarbeitung der Befehle, sondern auch der Zwischenspeicher und unterstützende Prozessoren oder gar mehrere, parallel ansprechbare Prozessorkerne (*Mehrkernarchitektur*).

Abbildung 4.5: Prozesser

Auf der Suche nach mehr Leistung bei gleicher Baugröße setzten die Hersteller zunächst darauf, die Taktfrequenzen der Rechenoperationen heraufzusetzen, und so die Arbeitsgeschwindigkeit zu erhöhen. Doch hier schob die Physik (nicht zuletzt durch die absolute Grenze der Lichtgeschwindigkeit, vor allem aber durch die Wärmeentwicklung) einen Riegel vor. Der Ausweg war, in einem Gehäuse gleicher Größe nicht nur einen Prozessor, sondern mehrere unterzubringen und damit paralleles Arbeiten zu ermöglichen. Sogenannte Dual- oder Quadcore-Prozessoren bestehen aus zwei oder vier Prozessorkernen, die wie eine monolithische CPU erscheinen.

Ein anderer wichtiger Schritt war das Heraufsetzen der Befehls- und Datenbandbreite von 8 Bit bei den ersten in PCs verbauten Prozessoren auf inzwischen 64 Bit[10]. Somit ist der Prozessor in der Lage, die achtfache Menge an Daten in einem CPU-Zyklus zu bewältigen.

Meist ist die CPU durch einen Lüfter verdeckt, der für die nötige Kühlung sorgt. Bei den aktuellen Taktraten erhitzen sich die CPUs ungekühlt schnell auf über 100°C. Diese Temperatur halten moderne CPUs jedoch nicht lange aus und sie „brennen durch", das heißt die Schaltkreise in der CPU schmelzen und es gibt einen Kurzschluss, der den Prozessor zerstört. Daher sollte die CPU nie ohne Kühlung betrieben werden.

4.2.3 RAM

Das *Random Access Memory* (RAM) oder auch *Arbeits-* oder *Hauptspeicher* ist ein Speicher, auf den das System beliebig zugreifen kann und in dem der Prozessor Daten und Programme ablegt. An seiner typischen Größe lässt sich auch die Weiterentwicklung der Computerindustrie ablesen.

Abbildung 4.6: RAM auf Platinen, sog. „RAM-Riegel"

In der Anfangszeit der PCs maßen Informatiker die Speichermenge noch in KB (Kilobyte). Ein Kilobyte entspricht 1024 Zeichen. Vom Microsoft-Gründer Bill Gates soll 1981 das Zitat stammen: „640 KByte sollten eigentlich genug für jeden sein" – was er aber später dementierte.[11] Tatsächlich war genau dieser Wert auch die obere Grenze an Speicher, die das von Microsoft vertriebene Betriebssystem MS-DOS zum damaligen Zeitpunkt nutzen konnte.

10 Genauer ausgedrückt hat die Prozessorarchitektur jetzt typischerweise eine sogenannte Wortbreite von 64 Bit. Bereits die Großrechner der Cray-Klasse oder IBM-Maschinen der sechziger Jahre nutzten diese Busbreite. Bus steht hierbei für ein System der Datenübertragung zwischen verschiedenen Teilnehmern.

11 `http://de.wikiquote.org/wiki/Bill_Gates`

Heutige PCs werden nur selten mit weniger als 4 GB[12] Arbeitsspeicher ausgestattet, selbst Notebooks.

Der Arbeitsspeicher ist mit der schnellste Speicher, den der Rechner bieten kann. Das Betriebssystem des PCs versucht, möglichst viele Programme und Daten im RAM vorzuhalten und dem Prozessor so ein schnelleres Arbeiten zu ermöglichen. Jedes Bit, das das OS von einem Datenträger laden muss, verlangsamt die Arbeitsgeschwindigkeit des PCs. Deshalb gilt das geflügelte Wort: „Man kann nie genug Speicher haben."

4.2.4 Grafikkarte

Für die Darstellung der Ausgaben auf einem Monitor muss der PC über eine Grafikkarte mit einem geeigneten Anschluss verfügen. Wurde die Grafikkarte früher ebenfalls von Hand auf das Mainboard gesteckt, gibt es heute immer häufiger auf dem Mainboard oder gar in die CPU integrierte Grafikhardware. Anspruchsvolle Benutzer, die aktuelle Spiele oder aufwendige grafische Anwendungen wie Blender (vgl. Seite 31) benutzen, bevorzugen jedoch eine zusätzliche Grafikkarte mit meist deutlich höherer Leistung.

Alle Grafikkarten besitzen einen eigenen Prozessor, die *Graphics Processing Unit* (GPU). Dieser ist nicht dafür ausgelegt, ganze Betriebssysteme auszuführen. Die Aufgabe beschränkt sich auf die effektive Berechnung von Grafiken. Gleichwohl eignet er sich, besondere Programmiertechniken vorausgesetzt, auch zur Berechnung komplexerer Aufgaben (GPU-Programmierung).

Moderne Bildschirme arbeiten zeilenweise. Als *Auflösung* bezeichnet der Techniker das Produkt aus der Anzahl von Bildpunkten (Pixel) pro Zeile mit der Anzahl von Zeilen. Weil dazu je nach Gerät früher noch eine oftmals spezielle Wiederholungsfrequenz (60, 80, 100 MHz) kam, mussten Linux-Anwender oftmals lange Tests durchführen und Einstellungen von Hand eingeben. Heute erkennt das System die richtigen Werte fast immer korrekt. Die meisten Grafikkarten nutzen ganz von selbst die Full-HD-Auflösung (1920x1080 Pixel) und bieten HDMI-Anschlüsse für die digitale Verbindung zum Monitor. Aber auch höhere Auflösungen, mehrere Monitore an einer oder mehreren, auch verschiedenen, Grafikarten unterstützt Linux heute problemlos.

4.2.5 Festplatte

Moderne Betriebssysteme benötigen in der Regel eine oder mehrere Festplatten oder andere, äquivalente Datenablagen. Im Gegensatz zum *volatilen* („flüchtigen") Hauptspeicher speichern Festplatten Daten *persistent*

[12] Ein Gigabyte entspricht 1024 Megabyte, das wiederum 1024 Kilobyte entspricht

(„dauerhaft"), sie verlieren die Daten nicht bei Stromverlust oder dem Ausschalten des PCs.

Aktuelle Festplatten benutzen einen sich bewegenden Schreib-/Lesekopf, um eine rotierende Scheibe, die mit einem magnetisierbaren Material beschichtet ist, gezielt auszulesen oder zu magnetisieren, also zu beschreiben. Heute stapeln die Hersteller meist mehrere Platten übereinander und lesen sie mit mehreren Schreib-/Leseköpfen aus. Diese Parallelisierung innerhalb einer Festplatte bringt einen deutlichen Geschwindigkeitszuwachs.

Abbildung 4.7: Das Innere einer Festplatte mit magnetisierter Scheibe und Schreib/Lesekopf

Die Platten bewegen sich mit einer Rotationsgeschwindigkeit von 4.500 bis 15.000 Umdrehungen pro Minute. Auf Grund dieser hohen mechanischen Beanspruchung haben die Festplatten meist nur eine Lebensdauer von etwa fünf Jahren. Dazu kommt, dass die beweglichen Teile sehr empfindlich auf Schläge und Bewegungen reagieren, es kommt zu Schreib- oder Lesefehlern, im Extremfall zu einem sogenannten *Headcrash*[13].

Immer häufiger kommen *Solid State Drive*-Laufwerke zum Einsatz, die ohne mechanische Bauteile auskommen und eher vergleichbar mit den Chips sind, die im Arbeitsspeicher eingesetzt werden. Allerdings bieten sie auch persistenten Speicher, der dem eines USB-Sticks ähnelt.

13 Bei einem Headcrash schlagen die Schreib-/Leseköpfe, die normalerweise weniger als eine Haaresbreite über den Platten schweben, auf diese auf und verkratzen die Oberfläche. Danach ist die Festplatte in den Bereichen des Aufschlags nicht mehr nutzbar. Im schlimmsten Fall sind auch die Schreib-/Leseköpfe zerstört. Neuere Notebooks der Businessklasse sind daher teilweise mit Beschleunigungssensoren ausgerüstet, die das Fallen des Gerätes erkennen und die Köpfe vor der Erschütterung durch den Aufschlag zwischen den Platten herausziehen.

Der Nachteil dieser Festplatten sind höhere Anschaffungskosten und die kürzere Lebensdauer. Manche Dateisysteme beherrschen es, SSDs durch optimierte Schreiboperationen zu pflegen. Zusätzlich sorgt die in den Laufwerken integrierte Firmware für eine gleichmäßige Alterung aller Speicherzellen. Die Kurzlebigkeit lässt sich (gute Backupstrategien vorausgesetzt, siehe Kapitel 3) jedoch in Kauf nehmen, weil die Arbeitsgeschwindigkeit von SSDs der von traditionellen Festplatten weitaus überlegen ist, vor allem beim Lesen von Daten. In der Praxis macht sich das beispielsweise beim Systemstart bemerkbar, der mit einer SSD bis zu zehnmal schneller ablaufen kann.

> **TIPP:**
> Bei Festplatten ist die Größenangabe inzwischen im Bereich der *Terabyte* (TB) angekommen, wobei die Hersteller gerne aus Marketinggründen fälschlicherweise mit dem Faktor 1000 rechnen und nicht die eigentlich korrekten 1024 heranziehen. Somit ist ein TB laut Festplattenhersteller 1000^4 Byte – im Gegensatz zum Speicherhersteller, der zur Basis 1024 rechnet (1024^4 Byte). Bei einem TB ist das schon ein Unterschied von etwa 92 GB. Entsprechend darf man sich nicht wundern, wenn eine frisch formatierte Festplatte nicht ganz die erwartete Kapazität hat.

Von den TB-Dimensionen sind die SSDs noch weit entfernt. Aktuelle SSDs im erschwinglichen Bereich haben eine Kapazität im niedrigen dreistelligen GB-Bereich.

Nur in den wenigsten Fällen werden Anwender eine Festplatte als einen Block zum Speichern von Daten benutzen. Viel häufiger unterteilen sie diese in separate Bereiche für unterschiedliche Aufgaben. Dazu dient die Technik des *Partitionierens.* Zu diesem Zweck legt der Anwender mit geeigneter Software auf der Festplatte innerhalb des ersten Blocks, genauer in den ersten 512 Bytes, einen Bereich an, in dem er die einzelnen Partitionen spezifiziert. Dieser erste Block ist der *Master Boot Record* (MBR).

Eine Partitionierung macht es auch möglich, mehrere Betriebssysteme nebeneinander zu installieren (*Dual-Boot*) oder getrennte Dateisysteme für System und Daten anzulegen. Anwender, die von Microsoft Windows auf Linux umsteigen, nutzen diese Partitionierung, um Linux und Microsoft Windows parallel zu installieren und beim Start des PCs zwischen den Betriebssystemen zu wählen – in einem sogenannten *Boot-Manager.*

Ansprechen lassen sich Festplatten in PCs meist über einen SATA-Anschluss (*Serial ATA*). Mit diesem Standard übertragen die Platten ihre Daten nicht mehr (wie zuvor) parallel, sondern seriell, also nacheinander. Im Serverbereich kommt typischerweise SCSI (*Small Computer System Interface*) oder SAS (*Serial Attached SCSI*) zum Einsatz. Diese Standard-Anschlüsse zeichnen sich durch eine deutlich höhere Datenübertragungsrate aus, sind aber bei Hardware und Verkabelung deutlich teurer.

4.2.6 Optische Laufwerke

Neben Festplatten unterstützen Computer Laufwerke zum Lesen optischer Medien wie CDs, DVDs oder Bluray-Discs. Diese Silberscheiben lassen sich einfach transportieren und eignen sich für den Datenaustausch oder die Archivierung, weil viele Laufwerke in der Lage sind, CDs, DVDs oder Blurays auch zu beschreiben. Die dabei mögliche Datenmenge liegt zwischen 700 MB (CD) und 50 GB (Bluray). Für größere Datenmengen eignen sich Bandlaufwerke und USB-Festplatten.

TIPP:
Optische Medien haben, wenn sie wie typische Rohlinge *nicht* im Pressverfahren hergestellt sind, nur eine Haltbarkeit von wenigen Jahren. Für dauerhafte Archivierung oder Backups eignen sie sich deshalb nur sehr eingeschränkt.

4.2.7 Monitor

Der Monitor ist die optische Schnittstelle für den Benutzer. Der technische Fortschritt hat die ehemals großen und schweren Röhrenmonitore vertrieben, an ihrer Stelle finden sich fast überall Flachbildschirme, die auf Basis von Flüssigkristallen arbeiten. Neben dem jetzt freien Platz auf dem Schreibtisch haben sie weitere Vorteile: Sie sind strahlungsärmer, arbeiten flackerfrei, bieten mittlerweile einen breiteren Blickwinkel und höhere Auflösungen jenseits der 1920x1080 Pixel (FullHD).

4.2.8 Andere Peripheriegeräte

Über zahlreiche weitere Schnittstellen kann der Benutzer zusätzliche Geräte anschließen. Vor allem der *Universal Serial Bus* (USB) wird seinem Namen gerecht: Tastaturen, Mäuse, Drucker, Kameras, Scanner, Netzwerkanschlüsse, externe Festplatten, Kartenlesegeräte, Telefone, Soundkarten und vieles mehr lassen sich hier anschließen.

4.3 Datenspeicherung

4.3.1 Kernel und Prozesse

Bei der Verwaltung der Ressourcen kommt dem Kernel die tragende Rolle zu. Neben der Steuerung der Hardware ist er auch für die Verwaltung des Arbeitsspeichers zuständig. Einen geringen Anteil davon benötigt er für sich selbst, den größeren stellt er dem „Userland“, also den Programmen außerhalb des Kernels, zur Verfügung, behält aber nach wie vor die Kontrolle. Ein Programm kann eine bestimmte Menge Arbeitsspeicher anfordern, vom Kernel wird ihm dann eine Speicheradresse mit der entsprechenden Menge an freiem Speicher zugewiesen.

Versucht ein Programm, einen fremden Speicherbereich zu lesen oder zu beschreiben, ohne die Berechtigung dazu zu haben, reagiert der Kernel: Er beendet das Programm mit einem Speicherzugriffsfehler. Dieses im Normalfall auf einem Programmierfehler beruhende Verhalten nennen Anwender gerne *Crash* – das Programm verschwindet mit einer Fehlermeldung ohne eine Möglichkeit, die bearbeiteten Daten zu speichern.

Auch im Kernel kann es solche Programmierfehler geben: Sie quittiert Linux mit einer *Kernel Panic*, gleichbedeutend etwa mit dem *Bluescreen* unter Windows, dem blauen Bildschirm mit einer kryptischen Warnmeldung, in früheren Versionen oft mit einem Neustart verbunden. Das recht häufige Auftreten dieses Fehlers unter Windows war für „Linuxer“ immer wieder Anlass für böse Kommentare in Richtung Microsoft.

Zu einem ähnlichen Verhalten kommt es, wenn das Betriebssystem den OOM-Killer (*Out of Memory*) aktiviert. Das geschieht, wenn alle Programme in Summe mehr Arbeitsspeicher angefordert haben als im System zur Verfügung steht. Der Kernel beendet für den Benutzer scheinbar wahllos Prozesse, bis der Speicherverbrauch wieder in akzeptablen Grenzen liegt.

Dieses Verhalten lässt sich meist durch die Aktivierung ausreichend großer Auslagerungspartitionen oder -dateien verhindern. In solche Datenbereiche auf der Festplatte, auch *Swap* genannt, kann das OS aktuell nicht benötigte Speicherbereiche auslagern. Da Festplatten allerdings um ein Vielfaches langsamer sind als der Arbeitsspeicher, bedeutet dies im Falle einer Auslagerung einen deutlichen Verlust an Systemleistung. Der vorübergehende Leistungsverlust ist dem wahllosen Beenden der Prozesse auf jeden Fall vorzuziehen, weshalb immer ausreichend Swap vorhanden sein sollte.

4.3.2 ps, top und free

Zahlreiche Kommandos geben Auskunft über aktuell laufende Prozesse und bieten dazu nützliche, tiefergehende Informationen.

ps listet alle Prozesse auf, die mit dem aufrufenden Benutzer und demselben Terminal verbunden sind. Gebräuchlich ist die Option ux, die alle Prozesse des aktuellen Benutzers mit Informationen wie deren Speicherverbrauch anzeigt. aux listet auch alle Prozesse anderer Benutzer.

```
user@linux:~$ ps ux
USER     PID %CPU %MEM   VSZ   RSS TTY      STAT START   TIME COMMAND
user   11663  5.3  0.1 18792  3276 pts/5    Ss   19:06   0:00 -bash
user   11713  0.0  0.0 12964  1388 pts/5    R+   19:06   0:00 ps ux
```

TIPP:
Bei den Optionen von `ps` gibt es einige Besonderheiten zu beachten. Manche verlangen ein führendes Minuszeichen, andere stolpern darüber. Genaue Informationen finden sich wie immer in der Manpage – oft warnt das Programm aber auch, wenn Sie ein Minuszeichen zuviel eingeben.

Benutzer können einzelne Prozesse jederzeit mit dem `kill`-Kommando beenden, wenn ihnen die auf einem System für jeden Prozess eindeutige Prozess-Identifikationsnummer (PID) bekannt ist. Im Listing oben zeigt `ps` die ID in der zweiten Spalte. `killall` übernimmt als Option den Prozessnamen und beendet alle laufenden Programme, die diesen Namen tragen. Will ein Benutzer beispielsweise alle Fenster des Browsers Firefox schließen, weil der nicht mehr reagiert, lautet der Aufruf:

```
user@linux:~$ killall firefox
```

`kill` kann aber noch mehr als nur Prozesse beenden. Technisch gesehen, sendet es ein Signal an ein Programm (`SIGTERM`), es möge sich doch bitte beenden. Solange der Prozess in der Lage ist, auf dieses Signal zu reagieren, wird er brav Folge leisten. Hängt er jedoch in einer Endlosschleife (das kommt auch auf Linux vor!) und reagiert nicht mehr, sollte es der Benutzer mit der Option -9 probieren. `kill -9` sendet ein `SIGKILL`-Kommando an den Prozess, er wird dann ohne Wenn und Aber – und ohne seine Daten aufzuräumen und Dateien zu speichern – „getötet".

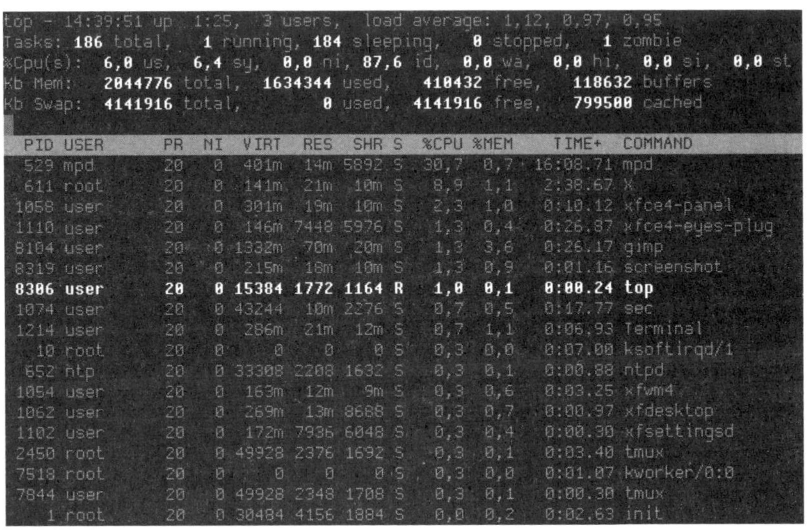

Abbildung 4.8: Der Prozessmonitor `top` zeigt die aktuellen Prozesse, hervorgehoben sind aktuell laufende Prozesse, in diesem Fall `top` selbst.

Während ps nur eine Liste mit Informationen ausgibt, arbeitet top interaktiv. Es öffnet eine zeilenbasierte Oberfläche, die es standardmäßig alle drei Sekunden aktualisiert (Abbildung 4.8). Die ersten fünf bis sechs Zeilen (je nach Anzahl der CPU-Cores und Einstellungen) zeigen Systemstatistiken. Es folgt eine Kommandozeile und die Liste der laufenden Prozesse. Mit dem Shortcut [k] („kill") lässt sich hier ein Prozess beenden, wobei top den Anwender auffordert, zuerst die PID, danach das Signal (SIGKILL, SIGTERM oder andere) in der Kommandozeile von top einzugeben. Weitere Möglichkeiten zeigt die integrierte Hilfe, die über [?] erreichbar ist.

Sowohl über die Auslastung des Arbeitsspeichers wie auch des Swap-Bereichs gibt das Kommando free Auskunft. Die Option -h hilft, indem sie Einheiten automatisch mit den passenden Präfixen versieht und sie so für Menschen besser lesbar darstellt.

```
user@linux:~$ free -h
                 total       used       free     shared    buffers     cached
Mem:              2,0G       1,9G        86M         0B       140M       803M
-/+ buffers/cache:           966M       1,0G
Swap:             4,0G        15M       3,9G
```

4.3.3 Syslog und dmesg

Weitere Informationen stellt ein Linux-System über seine *Protokoll-* oder auch *Logging*-Mechanismen zur Verfügung. Fast alle Systemdienste bedienen sich dieses zentralen Mechanismus. In den meisten Fällen landen wichtige Informationen beim *Syslog*-Dienst, der sie weiterreicht und in entsprechende Dateien unterhalb von /var/log/ ablegt. Da auch der Kernel gelegentlich wichtige Informationen mitzuteilen hat, benutzt der *Kernel Log Daemon*[14] (klog) die spezielle Datei /dev/kmsg, die der Syslog-Daemon ebenfalls ausliest.

Die immer aktuellen Kernelmeldungen sowie alles, was der Kern beim Systemstart meldete, gibt das Programm dmesg aus.

4.3.4 Programme, Bibliotheken, Pakete und Systemeinstellungen

Für den Zugriff auf Dateisysteme bieten Unix/Linux-System ein eigenes Konzept, das sich so nicht auf anderen Betriebssystemen findet. Partitionen, USB-Sticks und andere Datenträger stehen dem Benutzer erst zur Verfügung, wenn er sie in den Dateisystembaum (vgl. Seite 66) „eingehängt"

[14] Als *Daemon* bezeichnet man Programme, die auf einem System im Hintergrund (meist ohne Interaktion mit dem Benutzer) laufen. Sie sind für bestimmte Aufgaben (*Dienste*) zuständig, kontrollieren diese oder liefern diesen notwendige Informationen.)

hat (engl. „mount“[15]). Nach dem Mount steht das Dateisystem unter einem vordefinierten Pfad zur Verfügung. USB- und DVD-Datenträger mountet Linux beispielsweise automatisch unter `/media/`.

Unterhalb des Root-Verzeichnisses / sind alle Dateien eines Linux-Systems streng nach Typ innerhalb einer Verzeichnisstruktur sortiert. Programme liegen unterhalb von `/bin/`, `/sbin/`, `/usr/bin/` und `/usr/sbin/`. Bibliotheken[16] befinden sich entsprechend in `/lib/` und `/usr/lib/`. Die komplette Systemkonfiguration ist unterhalb von `/etc/` gespeichert, variable Daten unter `/var/`. Letzteres enthält neben den Protokolldateien auch Informationen über installierte Pakete, also deren Beschreibungen, Abhängigkeiten untereinander und Listen der zugehörigen Dateien.

4.4 Den Computer im Netzwerk einbinden

4.4.1 Netzwerk und Internet

In den 1960er Jahren bildeten gerade einmal eine Handvoll Computer an amerikanischen Universitäten die ersten Netzwerke. Als (vornehmlich militärisches) Forschungsprojekt der *Advanced Research Project Agency* (ARPA) entstand 1969 das ARPANET, das die Netze mehrerer Universitäten und Forschungseinrichtungen dezentral zusammenschaltete. Daraus entwickelte sich nach und nach das heute bekannte Internet. Die Bezeichnung „Internet“ leitet sich von diesen zusammengeschalteten Netzwerken, den *Interconnected Networks*, ab.

Damit Rechner erfolgreich miteinander kommunizieren, müssen sie dieselbe „Sprache“, sprechen. Zu diesem Zweck wurde das *Internet Protocol* (IP) erfunden. Hier erhält jeder Rechner eine eindeutige *IP-Adresse.* Dies ist nicht mehr als ein 32-Bit-Wert, für den Benutzer zu erkennen in vier Zahlen zwischen 0 und 255, jeweils durch einen Punkt voneinander getrennt. Eine typische Adresse ist etwa `192.168.0.12`.

Der gesamte Adressbereich aller IP-Adressen ist unterteilt in *Subnetze.* Die *Netzmaske* gibt an, welcher Teil der IP-Adresse den Netzbereich darstellt. Innerhalb eines Subnetzes ist dieser immer identisch, und die hier angebundenen Rechner können direkt miteinander kommunizieren. Wer mit Hosts außerhalb des eigenen Netzbereiches Daten austauschen will, braucht mindestens einen sogenannten *Router.* Diese Netzwerkgeräte stehen sozusagen an der Grenze des eigenen Netzes, stellen die Verbindung zu anderen

[15] `mount` ist auch der Name des entsprechenden Befehls; der Begriff stammt aus der Zeit der Bandlaufwerke, als das Einlegen („Mounten“) dieser Datenträger noch eine manuelle Tätigkeit des Systemverwalters war.

[16] *Bibliotheken* (*Libraries*) sind Software-Sammlungen, auf die verschiedene Programme zugreifen. Sie stellen ein Reservoir von Hilfsmitteln oder Funktionen bereit, die dadurch nicht in den einzelnen Programmen (redundant) implementiert sein müssen.

Netzen her und organisieren den Datenverkehr zwischen den Netzen. Dazu verfügen sie über mehrere Netzwerkkarten und Adressen. Nutzer kennen das Prinzip auch vom privaten Internetanschluss: Der Router verbindet den oder die privaten Rechner mit dem Netzwerk des Internet-Providers.

Weil die Anzahl der öffentlichen IP-Adressen, die direkt via Internet miteinander kommunizieren können, begrenzt ist, übersetzen viele Router *private*, also nur lokal gültige IP-Adressen in *öffentliche* Adressen und verschleiern (maskieren) die eigentliche Adresse des Senders. Dieser Vorgang nennt sich *Network Adress Translation* (NAT) oder einfach *Masquerading*.

Trotz dieses Tricks sind IPv4-Adressen[17] inzwischen sehr knapp. Seit geraumer Zeit treiben die Standardisierungsbehörden des Internets den Nachfolger IPv6 mit mehr oder weniger Erfolg voran. Der Mangel an Adressen sollte damit für einige Zeit gelöst sein: Während IPv4 gut 4 Milliarden IP-Adressen erlaubt, kann IPv6 340 Sextillionen bieten – 34 gefolgt von 37 Nullen!

4.4.2 Domain Name System (DNS)

Auf der Grundlage dieser Adressierung sind Rechner bereits fähig, miteinander in Kontakt zu treten. Für Menschen handhabbar ist das jedoch nicht, denn man müsste sich die komplexen Adresszahlen merken, um die Rechner anzusprechen. Darum geben Systemverwalter Rechnern mehr oder weniger sprechende Namen, die eine Software IP-Adressen zuordnet. Das ist Aufgabe des *Domain Name System* (DNS), einer der grundlegendsten Dienste des Internets.

Der zur Verfügung stehende *Namensraum* ist hierarchisch aufgebaut, von rechts nach links! Ganz rechts steht die *Top Level Domain* (TLD)[18]. Durch einen Punkt getrennt folgt die eigentlich Domain, deren Verwaltung und Registrierung unterliegt je nach TLD unterschiedlichen Gremien. Weitere Subdomains können von Registranten, ebenfalls weiter mit Punkten abgetrennt, selbst eingerichtet werden.

Weltweit gibt es 13 Root-Server, deren Daten zahlreiche DNS-Server bei Internet Service Providern, sonstigen Dienstleistern oder in Unternehmen abfragen. Zusätzlich bauen DNS-Server innerhalb eines privaten Netzwerkes einen eigenen Namensraum auf, um die Verwaltung und das Arbeiten im lokalen Netzwerk (*Local Area Network*, LAN) zu vereinfachen.

[17] Die 4 steht nicht für die vierte Version des Internet-Protokolls. Die Versionsnummer bezieht sich auf Zahlenwerte im Header der Netzwerkpakete, die die Pakete einem der beiden Protokolle zuordnet.

[18] Die TLD ist ein von der *Internet Corporation for Assigned Names and Numbers* (ICANN) definiertes Kürzel, zum Beispiel `com`, `org` oder `net`, aber auch die Länderkürzel wie `de` oder `fr`.

4.4.3 Netzwerkkonfiguration

Die Netzwerkkonfiguration unter Linux erledigen – neben den gängigen grafischen Tools – einige Shell-Programme, die sich natürlich kombinieren lassen und den GUIs im Funktionsumfang einiges voraus haben. Eine IP-Adresse setzt der Befehl `ifconfig`. Darüber hinaus lassen sich damit zusätzliche Einstellungen setzen oder die Konfiguration eines Interfaces anzeigen. Der folgende Aufruf aktiviert (up) die erste Netzwerkkarte des Rechners (`eth0`[19]) und gibt ihr die lokale IP-Adresse `192.168.1.10`:

```
user@linux:~$ ifconfig eth0 192.168.1.10 up
user@linux:~$ ifconfig eth0
eth0: flags=4163<UP,BROADCAST,RUNNING,MULTICAST>  mtu 1500  metric 1
      inet 192.168.1.10  netmask 255.255.255.0  broadcast 192.168.1.255
      ether 00:1b:b1:4d:93:a4  txqueuelen 1000  (Ethernet)
      RX packets 112639  bytes 112055775 (106.8 MiB)
      RX errors 0  dropped 0  overruns 0  frame 0
      TX packets 103493  bytes 71463107 (68.1 MiB)
      TX errors 0  dropped 0 overruns 0  carrier 0  collisions 0
```

Netzwerkrouten, also die Information, welche Netzwerke auf welchem Weg, über welche(n) Router, erreichbar sind, zeigt das Kommando `route` an; es kann die Angaben auch modifizieren.

```
user@linux:~$ route add default gw 192.168.1.1
user@linux:~$ route
Kernel IP routing table
Destination     Gateway         Genmask         Flags Metric Ref    Use Iface
default         192.168.1.1     0.0.0.0         UG    304    0        0 eth0
192.168.1.0     *               255.255.255.0   U     304    0        0 eth0
```

Sowohl `ifconfig` als auch `route` ersetzt in zukünftigen Linux-Versionen das Programm `ip`. Hier einige Beispiele für den Umgang mit `ip` – ein Blick in die Manpage erläutert die genutzten Optionen:

```
user@linux:~$ ip link set dev eth0 up
user@linux:~$ ip addr add 192.168.1.10/24 dev eth0
user@linux:~$ ip addr show dev eth0
4: eth0: <BROADCAST,MULTICAST,UP,LOWER_UP> mtu 1500 qdisc mq state UP \
qlen 1000
    link/ether 00:1b:b1:4d:93:a4 brd ff:ff:ff:ff:ff:ff
    inet 192.168.1.10/24 brd 192.168.1.255 scope global eth0
       valid_lft forever preferred_lft forever
user@linux:~$ ip route add 192.168.1.0/24 dev eth0
user@linux:~$ ip route show
default via 192.168.1.1 dev eth0  metric 304
192.168.1.0/24 dev eth0  proto kernel  scope link  src 192.168.1.10  \
metric 304
```

[19] In der Informatik und unter Linux ist es üblich, Aufzählungsreihen mit 0 (nicht mit 1) zu beginnen; darum ist **eth0** die *erste* Netzwerkkarte, **eth1** die *zweite* usw.

Eine Besonderheit bei der Konfiguration bietet die Namensauflösung (DNS). Hier gibt es kein Kommando, alle Einstellungen finden stattdessen in der Datei `/etc/resolv.conf` statt. Jeden abzufragenden Nameserver trägt der Administrator in einer eigenen Zeile jeweils nach dem Schlüsselwort `nameserver` ein:

```
# /etc/resolv.conf
search local
domain local
nameserver 192.168.1.1
```

Für eine weitgehend automatische Konfiguration sorgen Kommandos, die einen DHCP-Server (*Dynamic Host Configuration Protocol*) abfragen und die von ihm übermittelten Einstellungen übernehmen, zum Beispiel `dhcpcd` und `dhclient`.

Alle diese Einstellungen sind nicht dauerhaft. Damit er sie nicht nach jedem Neustart wieder eingeben muss, speichert der Administrator sie in den Konfigurationsdateien unter `/etc/`. Handlicher sind da meist die distributionsspezifischen Programme, die automatisch funktionierende und dauerhafte Konfigurationen bewerkstelligen und dafür auf Tools wie *NetworkManager* oder *wicd* zurückgreifen.

4.4.4 Netzwerkdiagnose mit ping, dig und netstat

Die Funktionsfähigkeit eines Netzwerks lässt sich mit zahlreichen Tools überprüfen. Eine erste Option ist das Kommando `ping`. Es sendet ICMP-Pakete (*Internet Control Message Protocol*) zu einem entfernten Rechner, der entsprechende Antwortpakete zurücksendet. Anzahl der nicht empfangenen Antwortpakete und Laufzeit geben Aufschluss über den Zustand einer Netzwerkverbindung.

```
user@linux:~$ ping linux-essentials.de
PING linux-essentials.de (176.9.250.109) 56(84) bytes of data.
64 bytes from linux-essentials.de (176.9.250.109): icmp_req=1 ttl=53 \
time=29.6 ms
64 bytes from linux-essentials.de (176.9.250.109): icmp_req=2 ttl=53 \
time=24.7 ms
^C
--- linux-essentials.de ping statistics ---
2 packets transmitted, 2 received, 0% packet loss, time 1001ms
rtt min/avg/max/mdev = 24.776/27.217/29.659/2.447 ms
```

Ob die Namensauflösung (DNS) funktioniert, lässt sich mit dem Kommando `dig` überprüfen. Mit einem Domainnamen als Argument fragt es die konfigurierten Nameserver ab und gibt neben den Adressen auch zusätzliche Diagnoseinformationen zurück.

```
user@linux:~$ dig linux-essentials.de
; <<>> DiG 9.9.0 <<>> linux-essentials.de
;; global options: +cmd
;; Got answer:
;; ->>HEADER<<- opcode: QUERY, status: NOERROR, id: 54462
;; flags: qr rd ra; QUERY: 1, ANSWER: 1, AUTHORITY: 0, ADDITIONAL: 1

;; OPT PSEUDOSECTION:
; EDNS: version: 0, flags:; udp: 1024
;; QUESTION SECTION:
;linux-essentials.de.            IN      A

;; ANSWER SECTION:
linux-essentials.de.      43200  IN      A       176.9.250.109

;; Query time: 55 msec
;; SERVER: 127.0.0.1#53(127.0.0.1)
;; WHEN: Fri May 18 18:46:31 2012
;; MSG SIZE  rcvd: 62
```

In alten Dokumentationen oder unter Microsoft Windows findet man für die Namensauflösung auch das Kommando `nslookup`. Dieses wird nicht mehr weiterentwickelt und steht damit unter Linux nicht mehr in allen Distributionen zur Verfügung.

Aktive Netzwerkverbindungen listet `netstat` auf. Mit seinen vielen Optionen kann der Anwender die Ausgabe einstellen und so zum Beispiel auch die vom lokalen Rechner geöffneten *Ports*[20] anzeigen lassen.

```
user@linux:~$ netstat
Active Internet connections (w/o servers)
Proto Recv-Q Send-Q Local Address    Foreign Address           State
tcp        0      0 linux:34642      mx.mylinuxtime.de:imaps ESTABLISHED
tcp        0      0 linux:55503      a77.109.171-90:www-http ESTABLISHED
tcp        0      0 linux:58923      hermes.jabb:xmpp-client ESTABLISHED
tcp        0      0 linux:35047      mx.mylinuxtime.de:imaps ESTABLISHED
[...]
```

4.4.5 Secure Shell (SSH)

Über das Netzwerk lassen sich entfernte Rechner bedienen, auch von der Kommandozeile aus; das ist übrigens das Standard-Verfahren. Erst beim Ausfall von Hardware, wenn also etwa Bauteile ausgetauscht werden müssen, wird ein Administrator einen Server vor Ort bedienen („Turnschuh-Administration"). Alles andere regelt er über die Kommandozeile.

20 Ein Port dient einem Betriebssystem dazu, Netzwerkverbindungen und Programme einander zuzuordnen.

Für diese *Remote*-Verbindungen über das Netzwerk dient unter Linux meist die *Secure Shell* (SSH) und deren Befehlszeilenclient `ssh`. Dieser verbindet sich zu einem SSH-Server, der auf vielen Linux-Distributionen standardmäßig aktiviert ist, und gibt dem Anwender vollen Zugriff auf das entfernte System.

```
user@linux:~$ ssh root@anotherlinux
Password: <Passworteingabe>
root@anotherlinux:~# exit
Abgemeldet
user@linux:~$
```

Das „secure" in SSH steht für die Tatsache, dass die Kommunikation zwischen dem Kommando `ssh` und dem angesprochenen Server verschlüsselt stattfindet. Das ist überaus wichtig, damit administrative Arbeiten über das Netz nicht von unbefugten Dritten abgefangen und belauscht werden. Die Folgen wären verheerend, wenn ein Angreifer beispielsweise die Root-Passwörter von Firmen-Servern während der Anmeldung mitlesen könnte.

4.5 Aufgaben

1. Welche der folgenden Personen hat das Projekt zur Entwicklung des Linux-Kernels initiiert?

   - Steve Jobs
   - Bill Gates
   - Robert Lemmke
   - Linus Tovalds
   - Andrew S. Tanenbaum

2. Welche der folgenden Komponenten gehört *nicht* zur Hardware eines Rechners?

   - Prozessor
   - Linux
   - Netzteil
   - Festplatte
   - Tastatur

3. Welcher Befehl gibt auf einem Linux-System den aktuell freien Hauptspeicher aus?

4. Welche der folgenden Befehle konfigurieren in einem Linux-System die Internet-Adresse eines Netzwerkgeräts?

   - `ip`
   - `ipconfig`
   - `configip`
   - `if`
   - `ifconfig`

5

Sicherheit und Dateiberechtigungen

Jeder Computer wird immer wieder mit potentiell sensiblen Daten arbeiten. In der langen Geschichte von Unix haben sich zahlreiche Sicherheitsmechanismen entwickelt, die sich auch in Linux und anderen unixoiden Betriebssystemen finden.[1]

Grundsätzlich ist jedes Linux-System als Multiuser-System eingerichtet. Die Entwickler gehen davon aus, dass (fast) immer mehr als ein Benutzer das System benutzt, und sorgen darum für die notwendige Trennung zwischen den Benutzern. So kann kein Benutzer auf die Daten eines anderen zugreifen, ohne dafür vorher die Berechtigung durch den Administrator `root` bekommen zu haben. Auch der Zugriff auf das Betriebssystem und den Kernel ist zunächst auf das Notwendigste eingeschränkt.

[1] Das „Ur"-Unix wurde seit 1969 in den Bell Laboratories entwickelt. Zahlreiche Unix-Varianten stammen direkt davon ab, andere – wie beispielsweise Linux – greifen lediglich die zugrundeliegenden Ideen auf. Sie alle werden als „unixoide" Betriebssysteme bezeichnet.

Microsoft hat solche Konzepte erst nach dem Ende der Windows-98-Ära durchgängig eingeführt. Bis dahin gab es auf dem Dateisystem keine Möglichkeit, die Daten der einzelnen Benutzer voneinander zu trennen und zu schützen. Erst die Nutzung des Dateisystems NTFS brachte die notwendigen Erweiterungen für Benutzerrechte im Dateisystem. Bis dahin arbeitete jeder Benutzer als Administrator und konnte das System beliebig verändern.

Für die Anwender war der Umstieg auf neuere Windows-Versionen ein steiniger Weg, da sie sich erst an das Konzept eines Administrator-Kontos und die Berechtigungsvergabe durch den Systemverwalter gewöhnen mussten. Auf vielen Rechnern gaben die Besitzer pauschal jedem Benutzer uneingeschränkte Administrationsrechte und umgingen so die eigentlich sinnvollen Einschränkungen. Diese Situation öffnete Viren und Trojanern Tür und Tor, da sie durch den Benutzer und dessen Rechte tief ins System eindringen konnten.

Das Konzept der sehr differenzierten Rechtevergabe ist demgegenüber bei Linux von Beginn an fest verankert. Sicherheitsexperten sehen darin den Grund, warum es bis heute nur eine einstellige Zahl funktionierender Linux-Viren gibt. Dieses Kapitel gibt eine Einführung in die grundlegenden Sicherheitskonzepte eines Linux-Systems.

5.1 Grundlegende Sicherheit und Identifizieren von Benutzertypen

5.1.1 Benutzeraccounts und Gruppen

In jedem Linux-System gibt es einen Benutzer, der *alles* darf: den Administrator `root`. Ihm fallen wichtige Aufgaben zu, zum Beispiel die Konfiguration des Systems, die Organisation installierter Software (Paketmanagement) und eben die Verwaltung der Benutzer.

Jeder Linux Benutzer ist durch eine eindeutige Nummer gekennzeichnet. Die *User Identification Number* (UID) des Administrators ist immer 0. `root` kann durch seinen uneingeschränkten Zugriff – gewollt oder ungewollt – auch destruktive Aktionen am System durchführen, weshalb man weder selbst als Systemadministrator angemeldet arbeiten, noch Systemdienste mit privilegierten Rechten starten sollte, außer es erweist sich als unbedingt notwendig.

Der Benutzer hat für gewöhnlich wenig mit den UIDs zu tun. Doch Kernel und Programme nutzen sie, um Benutzer sicher zu identifizieren. Die Zuordnung von Benutzername zu UID geschieht in der Datei `/etc/passwd`, mehr dazu erfahren Sie auf Seite 133.

Auch die Systemdienste besitzen eigene Benutzeraccounts, typischerweise mit UIDs zwischen 1 und 999. Die Bereiche der genutzten UIDs lassen sich in der Datei `/etc/login.defs` anpassen. Im Normalfall ist mit diesen Accounts kein interaktiver Login möglich, da hier weder ein Passwort gesetzt noch eine Login-Shell vordefiniert ist.[2]

TIPP:
Auch die für manche Netzwerkverbindungen notwendigen TCP-Ports mit Nummern kleiner als 1024 darf nur der Systemverwalter `root` öffnen. Will ein normaler Benutzer solch einen Dienst anbieten, muss er auf einen freien Port 1024 oder höher zurückgreifen. In einer Zwickmühle sind dabei Systemdienste, die aus Kompatibilitätsgründen den niedrigen Port benötigen. Deren Entwickler greifen dann zu einem Trick: Sie starten den Dienst als `root`, öffnen den Port, wechseln dann aber zu einem anderen User, mit dessen Rechten sie ihren Dienst tun. Das Wechseln des Benutzeraccounts ist eine handliche und gerne verwendete Technik unter Linux, die problemlos, schnell und sicher konfigurierbar ist.

Die größte mögliche UID 65534[3] (der Benutzer `nobody`) ist Systemdiensten vorbehalten, er sollte keine Schreibrechte im Dateisystem haben, so dass er sich eigentlich nur für Dienste eignet, die keine Daten ablegen müssen. Die übrigen UIDs von 1000 bis 65533 verwendet das System für „normale" Benutzer, die sich interaktiv am System anmelden.

Ein weiteres wichtiges Konzept der Berechtigungsstrukturen auf Linux-Systemen ist das der *Gruppen*. Jeder Benutzeraccount kann Mitglied in beliebig vielen Gruppen sein und auf diesem Weg weitere Berechtigungen erhalten. So erlaubt die Gruppe `disk` etwa den direkten Zugriff auf blockorientierte Geräte wie Festplatten, `optical` hingegen den Zugriff auf CD-/DVD-Laufwerke.

Darüber hinaus gibt es für jeden angelegten Benutzer eine Gruppe gleichen Namens, in der er automatisch einziges Mitglied ist. Alternativ existiert eine Gruppe `users`, der alle Benutzer mit interaktivem Login angehören.

Ob sie eine Gruppe für alle Benutzer oder eine benutzerspezifische Gruppe anlegen, hat sich bei den Distributionen in den vergangenen Jahren immer wieder verändert. Ein höheres Sicherheitsbedürfnis hat dazu geführt, die Gruppe `users` seltener einzusetzen. Ein Benutzer, der bei seinen Dateibe-

[2] In der Datei `/etc/passwd` steht bei solchen Einträgen `/bin/false` oder `/sbin/nologin`. Letzteres führt selbst bei dem Versuch, per `su` zu einem solchen Benutzer zu wechseln (siehe Seite 130), zu einer Fehlermeldung.

[3] Seit Version 2.4 kann der Linux-Kernel mit über 4 Milliarden (2 hoch 32) UIDs und damit unterschiedlichen Benutzern umgehen. Aus Gründen der Kompatibilität sollte man sich jedoch auf die 2 hoch 16 Möglichkeiten beschränken.

rechtigungen Fehler macht, gibt nun beispielsweise nicht mehr versehentlich allen Mitgliedern der Gruppe `users` etwas frei, sondern nur mehr der eigenen Gruppe, in der üblicherweise nur er selbst Mitglied ist.

Dieses Verhalten wie auch die verfügbaren Gruppen geben in weiten Teilen die Linux-Distributionen vor. Möchte ein Systemverwalter einem Benutzer das Recht einräumen, sich ins Internet einzuwählen, so braucht er ihn meist nur der richtigen Gruppe zuzuordnen. Manche Distributionen nutzen noch die alte Gruppe `uucp`[4] für die Zugriffskontrolle auf Geräte wie UMTS-Sticks oder Modems. Andere setzen stattdessen auf `modem` oder häufiger noch auf `dialout`.

Unter neueren Windows-Systemen ist es möglich, in Gruppen weitere Gruppen als Mitglieder einzutragen. Ein solches Konzept hat sich unter Linux nicht durchgesetzt, eine Gruppe kann nur eine Liste an Benutzern enthalten, nicht aber andere Gruppen. Zunächst scheint dies ein wenig umständlich, bringt aber in der Administration deutliche Vorteile, da bei Auflistung der Mitglieder einer Gruppe sofort alle Mitglieder auftauchen und der Administrator sich die rekursiven Aufrufe spart.

5.1.2 id – who – whoami – who am i

Sobald ein Benutzer am Linux-System angemeldet ist, kann er auf der Konsole mit einigen Befehlen nachvollziehen, mit welchen Berechtigungen er gerade im System arbeitet:

`id` zeigt seine Benutzer- und Gruppenzugehörigkeit:

```
user@linux:~$ id
uid=1000(user) gid=1000(user) groups=1000(user),92(optical),100(users)
```

Da die benötigten Informationen für alle Benutzer lesbar sind, lassen sich auch fremde Benutzer abfragen:

```
user@linux:~$ id tux
uid=1001(tux) gid=1001(tux) groups=1001(tux),92(optical),100(users)
```

TIPP:
Änderungen an Benutzer- und Gruppenzugehörigkeiten sind nicht sofort für laufende Prozesse, die aktuelle Shell-Umgebung oder Desktop-Sitzung gültig. Dazu bedarf es eines erneuten Logins des Benutzers.

Informationen über alle aktuell am System angemeldeten Benutzer gibt `who`:

[4] *U*nix to *U*nix *Co*P*y*, ein altes Protokoll zur Mail- und Newsübertragung.

```
user@linux:~$ who
root     tty1          Mar  2 12:48
user     pts/0         Mar  2 09:35 (:0.0)
```

Wer den Befehl um die Parameter `am i` erweitert, beschränkt die Ausgabe auf den aktuell angemeldeten Benutzer:

```
user@linux:~$ who am i
user     pts/0         Mar  2 09:35 (:0.0)
```

Darüber hinaus kennt `who` weitere, weniger bekannte Optionen. Mit `-b` erfahren Sie etwa Datum und Zeit des Systemstarts:

```
user@linux:~$ who -b
         Systemstart  2012-03-01 11:19
```

Analog zu den Gängen eines Autos mit Schaltgetriebe definieren unter Linux *Runlevel* den Systemstatus: Runlevel 3 ist beispielsweise rein konsolenbasiert, Runlevel 5 startet eine grafische Benutzeroberfläche. Der Wechsel in den Runlevel 0 bzw. 6 fährt das System herunter bzw. startet es neu. Neben dem Kommando `runlevel` gibt auch `who` mit der Option `-r` den aktuellen Runlevel aus.

```
user@linux:~$ runlevel
N 5
user@linux:~$ who -r
         Runlevel 5  2012-03-01 11:19
```

`whoami` gibt den effektiven Benutzernamen aus. Mit den Berechtigungen dieses Benutzers wird der nächste ausgeführte Befehl gestartet.

TIPP:
`whoami` gibt den effektiven Benutzer zurück, `who am i` hingegen den aktuell angemeldeten. Die beiden Ausgaben unterscheiden sich, wenn der Benutzer über Tools wie `su` eine andere „Identität" angenommen hat.

Alle angemeldeten Benutzer und was sie gerade tun, zeigt der Befehl `w`:

```
user@linux:~$ w
 12:52:12 up  3:17,  2 users,  load average: 0.18, 0.11, 0.07
USER     TTY         LOGIN@   IDLE   JCPU   PCPU WHAT
root     tty1       12:52    5.00s  0.80s  0.01s bash
user     pts/0      09:35    0.00s  1.81s 35.94s /usr/bin/Terminal
```

`w` mit einem Benutzer als Argument begrenzt die Ausgabe auf den genannten User:

```
user@linux:~$ w user
 12:52:12 up  3:17,  2 users,  load average: 0.18, 0.11, 0.07
USER     TTY         LOGIN@   IDLE   JCPU   PCPU WHAT
user     pts/0      09:35    0.00s  1.81s 35.94s /usr/bin/Terminal
```

5.1.3 su und sudo

Mit dem Kommando su und einem Benutzernamen als Argument nehmen Sie die Rolle dieses Benutzers im System an (*Benutzerwechsel*). Ohne Argumente aufgerufen, macht Sie su direkt zum Benutzer `root`, allerdings erst nach einer regulären Authentifizierung – das *Root-Passwort* muss Ihnen also bekannt sein. Die Shell, in der Sie su aufgerufen haben, behält die ursprünglichen Rechte, startet aber einen neuen Shell-Prozess für den neuen Benutzer. Wird dessen Shell beendet, befinden Sie sich wieder in der ursprünglichen Shell, als der Benutzer, der vorher su aufgerufen hat.

```
tux@linux:~$ whoami
tux
user@linux:~$ su
Passwort: <Root-Passwort>
root@linux:~# whoami
root
root@linux:~# exit
Abgemeldet
tux@linux:~$ whoami
tux
```

Auch su kennt einige Optionen: Soll statt einer „normalen“ Shell eine Login-Shell (siehe Kapitel 2) gestartet werden, stellen Sie ein einzelnes Minus (`-`) oder die Option `-l` hinter den Befehl. Neben einer Shell lassen sich auch andere Kommandos ausführen, und zwar mit der Option `-c`. Zu beachten ist dabei allerdings das Quoting: Enthält das Kommando selbst Optionen, müssen Anführungszeichen gesetzt sein:

```
user@linux:~$ su -c "rm -v /etc/fstab.backup"
Passwort:
'/etc/fstab.backup' entfernt
```

> **TIPP:**
> Nicht sicher geklärt ist die Herkunft des Befehlsnamens su. Je nach Quelle findet man „substitute user“, „switch user“, „select user“, „super user“ oder „set user id“.

Im Gegensatz dazu ist sudo (für „*s*uper *u*ser *do*“) dafür gedacht, einzelne Kommandos mit den Berechtigungen des Systemadministrators auszuführen. In der Konfigurationsdatei `/etc/sudoers` muss festgelegt sein, dass der Benutzer das gewünschte Kommando auch ausführen darf. Die Datei sollte nicht von Hand mit einem Texteditor bearbeitet werden, sondern stets über die Kommandos `sudoedit` oder `visudo`. Vor dem Speichern machen diese Tools einen Syntaxcheck und verhindern so Fehler bei dieser sicherheitskritischen Einstellung.

Nur wenn der Administrator innerhalb der sudo-Konfiguration die Authentifizierung explizit deaktiviert, fragt das sudo-Kommando nicht nach dem

Passwort des aktuellen Benutzers. In Kombination mit der Option -s verlangt sudo das aktuelle Benutzerpasswort, während su das Root-Passwort abfragt. Einige Distributionen sind dazu übergegangen, den Systemadministrator root ohne Passwort (also ohne direkte Login-Möglichkeit) einzurichten und den Zugang nur über einen unprivilegierten Benutzer mit sudo zu ermöglichen. Das diesem Buch beiliegende Ubuntu ist eine davon.

```
user@linux:~$ sudo -s
[sudo] password for user: <Benutzerpasswort>
root@linux:~#
```

Eine mögliche Konfiguration in der Datei /etc/sudoers sieht folgendermaßen aus:

```
%network ALL = NOPASSWD: /etc/init.d/apache restart
%adm ALL = NOPASSWD: /etc/init.d/apache
```

Der Gruppe network ist es erlaubt, das Apache-Startskript mit dem Parameter restart auszuführen. Mitglieder der Gruppe adm hingegen dürfen das Skript mit beliebigen Optionen starten und damit auch den Dienst beenden.

```
user@linux:~$ sudo /etc/init.d/apache stop
[sudo] password for user: <Benutzerpasswort>
Sorry, user user is not allowed to execute '/etc/init.d/apache stop' as
  root on linux.
user@linux:~$ sudo /etc/init.d/apache restart
[sudo] password for user: <Benutzerpasswort>
Restarting Apache Webserver... [done]
```

5.1.4 Pluggable Authentication Modules (PAM)

In aktuellen Linux-Systemen greifen Tools für eine Authentfizierung meist nicht mehr direkt auf die einzelnen Dateien zu, sondern über einen Zwischenlayer namens *Pluggable Authentication Modules* (PAM). Hierbei handelt es sich um eine Sammlung von Bibliotheken, die der Administrator in Dateien im Verzeichnis /etc/pam.d/ konfiguriert und die selbst entsprechende Authentifizierungmethoden zur Verfügung stellen, über eigene Libraries (vgl. Fußnote auf Seite 117). PAM ist sehr flexibel: Nicht zuletzt deshalb lassen sich Linux-Distributionen einfach um vielfältige Authentifizierungsmethoden erweitern.

Möglich sind Authentifizierungen über *Lightweight Directory Access Protocol* (LDAP), NT-Domänen, diverse SQL-Datenbankserver, verschlüsselte Verfahren wie Kerberos, Einmalpasswörter, Crypto-Token, Fingerabdrucksensoren, USB- oder Bluetooth-Geräte und vieles mehr.

Neben den interaktiven Authentifizierungsmethoden gibt es auch solche, die zusätzliche Tests durchführen. So ist es möglich, den Systemadministrator auszuschließen oder nur Benutzer mit einer gültigen Login-Shell zu erlauben.

Den Pluggable Authentication Modules kommen neben der eigentlichen Authentifizierung aber noch weitere Aufgaben zu. Das „Accounting“ erlaubt es, bestimmte Events zu protokollieren, „Passwort“ bestimmt die Richtlinien einer Passwortänderung. Außerdem bereitet PAM die Session vor, inklusive dem Setzen von Limits und Umgebungsvariablen.

Eine beispielhafte Konfigurationsdatei, `/etc/pam.d/sshd`, zeigt das Verhalten der Pluggable Authentication Modules im Bezug auf den Secure Shell Server:

```
#%PAM-1.0

auth        required     pam_securetty.so
auth        requisite    pam_nologin.so
auth        requisite    pam_captcha.so       math randomstring
auth        required     pam_unix.so

account     required     pam_nologin.so
account     required     pam_unix.so
account     required     pam_time.so

password    required     pam_unix.so

session     required     pam_unix_session.so
session     required     pam_limits.so
session     required     pam_loginuid.so
session     required     pam_env.so
session     optional     pam_echo.so          Hello %u, welcome to %h!
```

Neben der Authentifizierung per Passwort durch `pam_unix.so` kommt `pam_captcha.so` zum Einsatz. Wie auf zahlreichen Webseiten nutzt der Rechner ein „Bild“ oder stellt dem Benutzer eine andere Aufgabe, die ein Mensch ohne großen Aufwand lösen kann, bei der sich ein Computer jedoch schwer täte. Das kann helfen, automatisierte Hacker-Angriffe zu verhindern. In der letzten Zeile gibt `pam_echo.so` eine Begrüßung aus.

```
user@linux:~$ ssh anotherlinux
If you truly desire access to this host, then you must indulge me in a
simple challenge.
-------------------------------------------------------------

Observe the picture below and answer the question listed afterwards:
 ________           _ _             _   _
|__  / _ \  ___    | | |_ ___ _   _| | | |
  / / | | |/ _ \_  | | __/ __| | | | |_| |
 / /| |_| |  __/ |_| | |_\__ \ |_| |  _  |
/____\__\_\\___|\___/ \__|___/\__,_|_| |_|

Type the string above: ZQeJtsuH
```

```
Password: <Passwort>
Hello user, welcome to anotherlinux!
Last login: Mon May 21 22:25:03 2012
user@anotherlinux:~$
```

5.2 Benutzer und Gruppen erstellen

Linux-Systeme ohne zentralisierte Benutzerverwaltung (zum Beispiel durch einen Anmeldeserver im Netzwerk[5]) hinterlegen die Login-Daten der Benutzer in Textdateien. Jede dieser Dateien hat einen anderen Aufbau.

5.2.1 Die Datei /etc/passwd

Die Datei `/etc/passwd` enthält die wichtigsten Benutzerdaten. Sie besteht immer aus sieben Spalten, getrennt von Doppelpunkten. Hier die Zeile für den Benutzer `user`:

```
user:x:1000:1000:User:/home/user:/bin/bash
```

Sie enthält folgende Felder:

`user`
: Zeichenkette, die den Benutzernamen repräsentiert

`x`
: Das zweite Feld enthielt früher das Passwort in verschlüsselter Form, ist inzwischen allerdings praktisch bedeutungslos – hier findet sich typischerweise ein `x`, das auf die Authentifizierungsdaten in der Datei `/etc/shadow` hinweist.

`1000`
: Felder drei und vier enthalten die *User Identification Number* (UID) sowie die ID der primären Gruppe (GID). Letztere gibt beispielsweise an, welcher Gruppe eine Datei gehört, die dieser Benutzer anlegt.

`User`
: Der reale Name eines Benutzers. Diesen Eintrag nutzen beispielsweise auch grafische Loginmanager.

`/home/user`
: Das sechste Feld enthält den Pfad zum Home-Verzeichnis des Benutzers. Bei Systembenutzern gibt es meist das Datenverzeichnis des jeweiligen Dienstes an.

[5] Für solche Zwecke kommt unter Linux häufig der Verzeichnisdienst LDAP zum Einsatz, beispielsweise in einem OpenLDAP-Server. Ein Samba-Server, der gleichzeitig auch Fileserverdienste erledigt, kann ähnliche Funktionen erfüllen.

`/bin/bash`
: Das siebte und letzte Feld schließlich enthält die Login-Shell, also das Programm, das Linux nach einem erfolgreichen interaktiven Login ausführt.

Hier ein weiterer Auszug aus `/etc/passwd`:

```
root:x:0:0:root:/root:/bin/bash
bin:x:1:1:bin:/bin:/bin/false
daemon:x:2:2:daemon:/sbin:/bin/false
mail:x:8:12:mail:/var/spool/mail:/bin/false
ftp:x:14:11:ftp:/srv/ftp:/bin/false
http:x:33:33:http:/srv/http:/bin/false
[...]
user:x:1000:1000:User:/home/user:/bin/bash
[...]
nobody:x:65534:65534:nobody:/:/bin/false
```

5.2.2 Die Datei /etc/shadow

Der Aufbau der Datei `/etc/shadow` ist der `/etc/passwd` sehr ähnlich, auch hier trennen Doppelpunkte die Spalten, allerdings gibt es deren neun. Der Eintrag des Benutzers `user` lautet:

```
user:$1$tzRrCdPL$vARhrjZESwyIvqwBV4hK1J:15331:0:99999:7:::
```

`user`
: In der ersten Spalte steht wiederum der Benutzenname, über dieses Feld ordnet Linux den Benutzer zu.

`$1$tzRrCdPL$vARhrjZESwyIvqwBV4hK1J`
: Das Passwortfeld kann sehr unterschiedliche Informationen enthalten. Stehen hier ein Ausrufezeichen (`!`) oder die Buchstaben `NP`, besitzt der Account kein Passwort. Bei einem Asterisk (`*`) oder `LK` ist der Account gesperrt und kein Login möglich. Zwei Ausrufezeichen (`!!`) besagen, dass das Passwort abgelaufen und damit nicht mehr gültig ist. Beginnt das Passwortfeld mit einem Dollarzeichen wie hier (`$`), enthält es ein verschlüsseltes Passwort; das Feld ist in drei weitere Felder unterteilt, diesmal getrennt durch das Dollarzeichen. Das erste Passwortfeld enthält eine Ziffer, die den verwendeten Hash-Algorithmus[6] spezifiziert: 1 steht für MD5, 2 für Blowfish, 5 für SHA-

[6] Hashes sind Zeichenketten, die mit einem bestimmten Algorithmus berechnet werden, jedoch nicht reversibel sind. Das heißt: Aus einem Hash kann das Passwort nicht errechnet werden. Allerdings existieren Passworttabellen (sogenannte *Rainbow Tables*), die mehrere Millionen bekannte Hash-Passwort-Kombinationen enthalten. Hat ein Angreifer also Zugriff auf die Passwort-Hashes, kann er sich bei zu einfach gewählten Passwörtern eventuell das zum Hash passende Passwort einfach aus einer Tabelle suchen.

256 und 6 für SHA-512. Das zweite Passwortfeld enthält einen *Salt*[7] oder weitere Optionen für den Hash-Algorithmus, das dritte Passwortfeld schließlich das kodierte Passwort. Beginnt das Passwortfeld nicht mit einem der oben genannten Zeichen oder Zeichenkombinationen, geht das System davon aus, dass es sich um ein Passwort als Crypt-Hash handelt.

3. bis 8. Feld
: enthalten Informationen zum Alter und der Gültigkeit des Passworts. Hier findet sich die Anzahl Tage, die seit der *Epoche*[8] bis zur letzten Passwortänderung vergangen sind. Dazu kommt noch, wann das Passwort frühestens und spätestens geändert werden kann oder muss, ab wann das System dem Benutzer eine Warnung anzeigt, wann es den Account inaktiv schaltet und wann er komplett verfällt.

9. Feld
: Das letzte Feld ist reserviert für zukünftige Einsatzgebiete, erfüllt zur Zeit aber keinen Zweck.

Ein Auszug aus `/etc/shadow`:

```
root:$1$eDYNPTMU$2O39MTbFsA.PRsNgfyliY0:14636::::::
bin:!:14871::::::
daemon:!:14871::::::
mail:!:14871::::::
ftp:!:14871::::::
http:!:14871::::::
[...]
user:$1$tzRrCdPL$vARhrjZESwyIvqwBV4hK1J:15331:0:99999:7:::
[...]
nobody:!:14871::::::
```

5.2.3 Die Datei /etc/group

Gruppenzugehörigkeiten speichert Linux in der Datei `/etc/group`. Auch hier trennt der Doppelpunkt einzelne Felder:

```
users:x:100:user,tux
```

`users`
: Das erste Feld enthält den Gruppennamen.

[7] Eine zufällige Zeichenfolge, die bei der Verschlüsselung des Passwortes hilft und den Hash so sicherer macht.

[8] Der 01.01.1970 um 0:00 Uhr wurde als Epoche definiert. Praktisch alle elektronischen Geräte mit einer Datumsfunktion rechnen mit diesem Zeitpunkt als „Null".

`x`
: Das zweite Feld enthält Optionen zu einem optionalen Gruppenpasswort. Analog zu den Benutzern verweist auch hier ein `x` auf die Datei `/etc/gshadow`.

`100`
: Das dritte Feld enthält die *Group Identification Number* (GID), also eine eindeutige Nummer zwischen 0 und 65534, die die Gruppe repräsentiert.

`user,tux`
: Das letzte Feld enthält die Benutzer, die Mitglied der Gruppe sind, durch Kommas getrennt.

Ein Auszug aus `/etc/group`:

```
root:x:0:root
bin:x:1:root,bin,daemon
daemon:x:2:root,bin,daemon
disk:x:6:root
ftp:x:11:
mail:x:12:
http:x:33:
audio:x:92:user
optical:x:93:user
[...]
users:x:100:user,tux
[...]
user:x:1000:user
[...]
```

5.2.4 Passwortsicherheit

Die Sicherheit eines Benutzeraccounts und damit unter Umständen des gesamten Systems steht und fällt mit der Sicherheit des verwendeten Passworts. Heutige Rechner haben eine Rechenleistung, die es erlaubt, mehrere tausend Passwörter in der Sekunde auf ihre Gültigkeit zu prüfen. Bei zu einfachen Zeichenkombinationen hat ein Angreifer leichtes Spiel. Als sicher gelten derzeit Passwörter ab zehn Stellen, sofern sie genügend verschiedene und möglichst zufällige Zeichen enthalten. Hier einige Passworttypen im Vergleich:

`6271`
: Eine typische PIN, bekannt von der EC-Karte oder dem Handy. Sie besteht aus vier Ziffern, ermöglicht damit 10.000 Möglichkeiten. Eine „relative“ Sicherheit ist hier nur dadurch gegeben, dass die Bank den Zugang nach dem dritten Fehlerversuch sperrt und die Karte einbehält.

`hkcrj`
: Eine einfache Zeichenkette aus Kleinbuchstaben, oft genutzt für leicht zu merkende Passwörter. Mit immerhin 26^5 (ca. 11,8 Mio.) Möglichkeiten kann ein durchschnittlicher Rechner das Passwort in kurzer Zeit knacken.

`DFjeOX2a`
: Acht Zeichen aus Groß- und Kleinbuchstaben sowie Ziffern stellen eine bessere Hürde dar. Mit 62^8 (ca. 218 Bio.) Möglichkeiten ist es nicht mehr so einfach, das Passwort zu errechnen.

`Na7c|.+*/5`
: Mit zwei weiteren Stellen und Sonderzeichen erhöht sich die Anzahl der Möglichkeiten auf etwa 100^{10}. Mit heutigen Rechenleistungen benötigt ein Angreifer theoretisch Jahrzehnte oder Jahrhunderte, um ein Passwort zu errechnen.

In vielen Situationen ist es sinnvoll, Passwörter von einem Zufallsgenerator erzeugen zu lassen. Programme wie `makepasswd` geben bei jedem Aufruf ein zufällig generiertes Passwort aus. Auch gängige Passwortmanager wie `keepassx` sind in der Lage, Passwörter zu generieren. Darüber hinaus speichern sie diese zentral und geschützt durch ein Master-Passwort.

5.2.5 /var/log/wtmp, /var/log/btmp, last und lastb

In der Datei `/var/log/wtmp` protokolliert das System alle erfolgreichen Anmeldungen am System. Es hinterlegt die Angaben in einem eigenen Binärformat, was spezielle Abfrageprogramme notwendig macht. `last` bildet aus ihrem Inhalt eine Liste der letzten Logins. Auch Neustarts des Systems und Zugriffe übers Netz finden sich hier:

```
user@linux:~$ last
user      pts/1        :0            Mon May 21 11:24   still logged in
user      pts/0        :0            Mon May 21 10:27   still logged in
user      :0                         Mon May 21 10:26   still logged in
reboot    system boot  3.3.5         Mon May 21 10:25 - 13:34  (03:08)
user      pts/1        Rechner2      Mon May 21 07:32 - 07:32  (00:00)
```

Die Datei `/var/log/btmp` hingegen zeichnet alle fehlgeschlagenen Logins auf, das Kommando `lastb` zeigt sie an:

```
user@linux:~$ lastb
user      pts/0                       Wed May  9 14:25 - 14:25  (00:00)
tux       ssh:notty    linux          Sat Apr 21 13:30 - 13:30  (00:00)
root      ssh:notty    anotherlinux   Fri Apr 20 15:35 - 15:35  (00:00)

btmp begins Fri Apr 20 15:35:35 2012
```

5.2.6 useradd und groupadd

Zwar wäre es möglich, die Benutzer und Gruppen über einen passenden Eintrag in den beschriebenen Textdateien anzulegen. Doch für diesen Zweck bringt Linux benutzerfreundlichere Programme mit.

Einen Benutzeraccount legt `useradd`[9] an, gefolgt von dem gewünschten Namen. Standardmäßig ensteht dabei ein Benutzer mit einer UID größer oder gleich 1000, die erste freie in diesem Bereich. Mit `-s` kann der Administrator eine vom Standard abweichende Shell angeben. Mit `-m` erhält der Benutzer ein Home-Verzeichnis mit entsprechenden Rechten in `/home/`. Über `-c` („comment") lassen sich Informationen zu dem Benutzer, etwa Name und Vorname, hinterlegen:

```
root@linux:~# useradd -m -c Tux tux
root@linux:~# id tux
uid=1001(tux) gid=1001(tux) groups=1001(tux),100(users)
root@linux:~# grep tux /etc/passwd
tux:x:1001:1001:Tux:/home/tux:/bin/bash
```

In das neue Home-Verzeichnis kopiert das System automatisch die Dateien aus dem Verzeichnis `/etc/skel/` und passt deren Berechtigungen an. In einer typischen Linux-Installation liegen beispielsweise folgende Dateien im Verzeichnis `/etc/skel/`:

```
/etc/skel/.xinitrc
/etc/skel/.xsession
/etc/skel/.screenrc
/etc/skel/.bash_logout
/etc/skel/.bash_profile
/etc/skel/.bashrc
```

Analog zu `useradd` ist `groupdadd` für das Anlegen von Gruppen zuständig.

5.2.7 passwd, usermod und groupmod

Für das Ändern eines Passworts ist `passwd` zuständig. Aufgerufen von `root`, kann es nicht nur das eigene, sondern das Passwort eines jeden Benutzers ändern oder einzelne Zugänge mit der Option `-l` sperren, mit `-u` entsperren.

```
root@linux:~# passwd user
Geben Sie ein neues UNIX-Passwort ein: <Benutzerpasswort>
Geben Sie das neue UNIX-Passwort erneut ein: <Benutzerpasswort>
passwd: Passwort erfolgreich geändert
root@linux:~# passwd -l user
passwd: password expiry information changed.
root@linux:~# passwd -u user
```

[9] Einige Distributionen bieten den ähnlich nutzbaren Befehl `adduser`.

```
passwd: password expiry information changed.
root@linux:~# su user
user@linux:~$ passwd
Ändern des Passworts für user.
(aktuelles) UNIX-Passwort: <aktuelles Benutzerpasswort>
Geben Sie ein neues UNIX-Passwort ein: <neues Benutzerpasswort>
Geben Sie das neue UNIX-Passwort erneut ein: <neues Benutzerpasswort>
passwd: Passwort erfolgreich geändert
```

TIPP:
Da es kein Feld für den Sperr-Status des Zugangs gibt, bedient sich Linux hier eines Tricks: In der Datei `/etc/shadow` landet bei einer Sperre ein **!** vor den Kennwort-Hash.

Bestehende Benutzer und Gruppen ändert der Administrator mit `usermod` respektive `groupmod`.

```
root@linux:~# id user
uid=1000(user) gid=1000(user) groups=1000(user),100(users)
root@linux:~# usermod -a -G optical user
root@linux:~# id user
uid=1000(user) gid=1000(user) groups=1000(user),93(optical),100(users)
root@linux:~# usermod -g users user
root@linux:~# id user
uid=1000(user) gid=100(users) groups=1000(user),93(optical),100(users)
```

Der Befehl `groupmod` ändert Name, GID oder das Gruppenkennwort; die Mitgliedschaften und viele andere Benutzereigenschaften regelt dagegen `usermod`. Im Beispiel fügt `usermod` den Benutzer `user` der Gruppe `optical` hinzu. Wichtig ist zusätzlich zum Parameter `-G` die Angabe des Parameters `-a` („append"), um die Gruppe hinzuzufügen, andernfalls sind alle bisherigen Gruppenzuordnungen des Benutzers aufgehoben. Der zweite Aufruf des Kommandos `usermod` mit dem Parameter `-g` ändert die primäre Gruppe des Benutzers.

5.2.8 userdel und groupdel

Einen nicht mehr benötigten Benutzeraccount löscht `userdel`. Der zusätzliche Parameter `-r` sorgt dafür, dass dabei auch dessen Home-Verzeichnis und andere lokale Dateien verschwinden.

```
root@linux:~# userdel -r tux
root@linux:~# id tux
id: tux: Einen solchen Benutzer gibt es nicht
```

Dateien, die dem Benutzer gehören und die in anderen Verzeichnissen liegen, löscht das System mit diesem Parameter allerdings nicht. Da hilft – vor dem Löschen des Benutzers – dann `find` (siehe Kapitel 3) mit den Optionen `-user`, gefolgt von einem Anwendernamen und dem Formatierungskommando `print`:

```
user@linux:~$ find / -user user -print
/home/user/E-Books
/home/user/Bilder
/home/user/Dokumente
/home/user/Videos
/home/user/Downloads
```

Dieser Aufruf listet alle Dateien, die dem Benutzer auf dem System gehören.

Einzelne Gruppen löscht `groupdel`. Dabei entfernt es wirklich nur die Gruppe, keine Dateien, die einer Gruppe angehören.

5.3 Rechte-Management für Dateien und Verzeichnisse

5.3.1 Dateiberechtigungen

Dateiberechtigungen sind unter Linux für drei virtuelle Benutzergruppen einzeln zu vergeben:

`user` (u)
: der Eigentümer der Datei

`group` (g)
: die Mitglieder seiner Gruppe

`other` (o)
: alle anderen Benutzer des Systems

Jeder dieser Gruppen (die nicht mit tatsächlichen, per GID identifizierbaren Gruppen zu verwechseln sind) lassen sich drei verschiedene Rechte an Dateien und Verzeichnissen zuweisen:

`read` (r)
: Leserecht

`write` (w)
: Schreibrecht

`execute` (x)
: Ausführungsrecht

`ls -l` zeigt die vergebenen Rechte für Dateien und Verzeichnisse an. Sie stehen dann am Beginn der Zeile, und zwar in drei Dreiergruppen mit den Kürzeln `rwx`. Die erste Gruppe für den `user`, die zweite für `group` und die dritte für `other`. Ein nicht gesetztes Recht repräsentiert ein einzelner Strich im betreffenden Feld.

Den drei Gruppen ist ein einzelnes Feld vorangestellt, das den Typ des Objekts beschreibt (dazu später mehr). Hier noch einmal das Notationsschema:

```
Typ                   user     group    other
-/d/l/s/f/c/b         r w x    r w x    r w x
```

Die Datei im folgenden Beispiel hat für den Benutzer die Rechte `r` und `w`, was ihn zum Lesen und Schreiben berechtigt. Das Recht `x` würde die Datei ausführbar machen, was für Programme und Skripte notwendig ist (vgl. Seite 93). In unserem Beispiel dürfen Gruppenmitglieder sowie alle anderen die Datei zwar lesen, aber nicht ändern.

```
user@linux:~$ ls -l file
-rw-r--r-- 1 user users 287 Mar 27 20:05 file
```

Bei Verzeichnissen hat das Ausführungsrecht `x` die Bedeutung, dass ein Benutzer das Verzeichnis *betreten*, also hineinwechseln, darf.

Bei den Berechtigungen gilt das Prinzip des „First Match". Hat eine Datei mehr Gruppen- als Eigentümer-Rechte, dann gelten für den Eigentümer die niedrigeren Rechte, möglicherweise hat er damit zum Beispiel kein Schreibrecht auf seine eigene Datei, obwohl es ihm die Gruppenmitgliedschaft erlauben müsste. Hingegen darf in diesem Fall ein fremder Benutzer mit derselben Gruppe auch in die Datei schreiben.

```
user@linux:~$ ls -l /tmp/file
-r--rw-r-- 1 user users 287 Mar 27 20:05 /tmp/file
user@linux:~$ echo "Test" > /tmp/file
-bash: /tmp/file: Keine Berechtigung
user@linux:~$ su tux
Passwort: <Benutzerpasswort>
tux@linux:~$ echo "Test" > /tmp/file
tux@linux:~$ cat /tmp/file
Test
```

5.3.2 SetUID, SetGID und Sticky Bit

Neben den genannten Rechten gibt es unter Linux noch einige Spezialitäten: `s` steht für das SetUID- bzw. SetGID-Bit. Ist dieses Recht für eine ausführbare Datei gesetzt, wird dieses Programm stets mit den Rechten des Benutzers oder der Gruppe ausgeführt, dem bzw. der die Datei gehört. So lassen sich einzelne Programme beispielsweise mit Root-Rechten ausführen, ohne dass eine zusätzliche Authentifizierung notwendig ist. Ein gutes Beispiel hierfür ist `ping`, das die Berechtigung braucht, um die entsprechenden Pakete über den Netzwerkstack des Betriebssystems verschicken zu können.

```
user@linux:~$ ls -l /bin/ping
-rwsr-xr-x 1 root root 35712 Nov  8  2011 /bin/ping
```

Dieses sogenannte *Sticky Bit* („klebriges Bit") sorgt für Restriktionen beim Löschen und Bearbeiten von Dateien. Abgesehen von `root` können Benutzer Dateien in einem Verzeichnis nur dann löschen oder bearbeiten, wenn sie auch Eigentümer sind – selbst wenn ihnen die Rechte an der Datei anderes erlauben würden. Das liegt daran, dass zum Anlegen oder Löschen einer Datei Schreibrechte am Verzeichnis notwendig sind. Typischerweise sind für das Verzeichnis `/tmp/` weitreichende Berechtigungen mit Schreibrechten für alle gesetzt, jedoch können Benutzer fremde Dateien dank des Sticky-Rechtes nicht modifizieren.

5.3.3 ls

Das kleine Programm `ls` kam bereits an mehreren Stellen in diesem Buch vor. Auch für die Anzeige von Dateirechten eignet es sich, wie gesehen. Das Programm zeigt also nicht nur den Dateinamen, sondern auch Dateityp, Berechtigungen, Anzahl der Verknüpfungen, Benutzer und Gruppe, Größe sowie die Zeit der letzten Änderung an.

Das erste Zeichen der Ausgabe stellt den Typ des Objekts im Dateisystem dar. `-` steht für eine gewöhnliche Datei, `d` für ein Verzeichnis, `l` für einen symbolischen Link, `s` für einen Socket, `f` für eine Fifo und `c` bzw. `b` für spezielle Gerätedateien. Darauf folgt die Berechtigung mit insgesamt neun Zeichen nach dem oben erklärten Schema. Eine weitere wichtige Option ist `-a`, die auch versteckte Dateien, unter unixoiden Betriebssystemen mit einem Punkt beginnend, anzeigt. Ebenfalls hilfreich ist `-d`, das nur Verzeichnisse und nicht deren Inhalt anzeigt:

```
user@linux:~$ ls -l
drwxr-xr-x 2 user users 80 Apr 12 13:43 dir_a/
drwxr-xr-x 2 user users 80 Apr 12 13:43 dir_b/
-rw-r--r-- 1 user users 50 Apr 12 13:43 file
user@linux:~$ ls -l dir*
dir_a:
insgesamt 0
-rw-r--r-- 1 user users 0 Apr 12 13:43 a_file_in_dir_a
-rw-r--r-- 1 user users 0 Apr 12 13:43 another_file_in_dir_a

dir_b:
insgesamt 0
```

```
-rw-r--r-- 1 user users 0 Apr 12 13:43 a_file_in_dir_b
-rw-r--r-- 1 user users 0 Apr 12 13:43 another_file_in_dir_b
user@linux:~$ ls -ld dir*
drwxr-xr-x 2 user users 80 Apr 12 13:43 dir_a/
drwxr-xr-x 2 user users 80 Apr 12 13:43 dir_b/
```

5.3.4 chmod

Um die Berechtigungen einer Datei oder eines Verzeichnisses zu verändern, steht `chmod` zur Verfügung. Es stellt einige Optionen bereit, darunter `-R`, um Rechte rekursiv in einem ganzen Verzeichnis(teil)baum zu setzen.

Das Programm bietet zwei verschiedene Wege zur Änderung der Rechte. Im ersten setzt oder entfernt es eine Berechtigung. Die Kürzel `u`, `g` und `o` bestimmen, für welche Gruppe die Änderung wirksam ist. Darüber hinaus kann der Anwender mit `a` ein Recht für alle (Benutzer, Gruppe und Sonstige) in einem Schritt ändern. Das folgende Zeichen, also ein Plus oder ein Minus, bestimmt, ob das Recht hinzugefügt oder entzogen wird. Abschließend folgen die gewünschten Rechte, so wie sie auch `ls -l` anzeigt. Hilfreich ist das `X`, das das Ausführen-Recht nur auf Verzeichnisse, nicht aber auf Dateien, anwendet:

```
root@linux:~# chmod u+rwx file
root@linux:~# chmod -R a+X dir
```

Alternativ steht dem Anwender die Rechtevergabe in Oktalschreibweise zur Verfügung. Dabei muss er ein wenig rechnen: Das Ausführen-Recht steht für 1, das Schreibrecht für 2 und das Leserecht für 4. Durch Addition kann er die erwünschten Rechte in einer Ziffer zwischen 0 und 7 angeben. Für Benutzer, Gruppe und Sonstige braucht es folglich drei Ziffern; eine weitere definiert, ob die speziellen Rechte wie Sticky Bit (1), SetGID (2) und SetUID (4) gesetzt sind.

```
root@linux:~# chmod 0755 file
```

`0755` bedeutet in diesem Beispiel: Kein Sticky-, SetGID- oder SetUID-Bit (0), für den User lesen, schreiben und ausführen (also 1+2+4= 7), Gruppe und Sonstige dürfen lesen und ausführen (also 1+4= 5).

5.3.5 chown und chgrp

Die Gruppe einer Datei lässt sich mit `chgrp` ändern, sowohl mit dem Namen als auch mit der Group ID als Parameter. `chown` hingegen setzt den Benutzer einer Datei, auch hier sind namentliche wie numerische Angaben möglich. Zusätzlich kann der Anwender bei `chown` die Gruppe gleich mit angeben, mit einem Doppelpunkt getrennt vom Benutzernamen:

```
root@linux:~# ls -l file
-rw-r--r-- 1 root root 0 Apr 13 11:37 file
root@linux:~# chgrp users file
root@linux:~# ls -l file
-rw-r--r-- 1 root users 0 Apr 13 11:37 file
root@linux:~# chown user:user file
root@linux:~# ls -l file
-rw-r--r-- 1 user user 0 Apr 13 11:37 file
```

TIPP:
Der Versuch eines Benutzers, eine Datei auf einen anderen Benutzer oder eine fremde Gruppe zu übertragen, schlägt mit dem Fehler „Die Operation ist nicht erlaubt“ fehl. Dateien auf diese Weise zu übergeben ist aus Sicherheitsgründen ausschließlich dem Administrator `root` vorbehalten.

5.3.6 Access Control Lists (ACL)

Access Control Lists (ACL) erweitern die Berechtigungsstrukturen auf modernen Linux-Systemen. Sind sie aktiviert, kann der Anwender mit `setfacl` beliebig viele zusätzliche User- und Gruppenberechtigungen setzen. Mit ACLs lassen sich Benutzern oder Gruppen zusätzliche Berechtigungen geben oder entziehen. `getfacl` zeigt die gesetzten Berechtigungen an.

```
user@linux:~$ getfacl file
# file: file
# owner: root
# group: root
user::rwx
user:user:rwx
user:tux:r--
group::rwx
group:optical:rwx
group:users:rwx
mask::rwx
other::---
user@linux:~$ setfacl -m group:optical:r-x file
user@linux:~$ setfacl -x group:users:rwx file
user@linux:~$ getfacl file
# file: file
# owner: root
# group: root
user::rwx
user:user:rwx
user:tux:r--
group::rwx
group:optical:r-x
mask::rwx
other::---
```

TIPP:
Auch wenn die Flexibilität von ACLs verführerisch aussieht, so ist doch Vorsicht geboten: Allzu leicht verliert der Admin den Überblick, wer wo wem Zugriff auf Dateien erlaubt hat. Viele Experten raten, lieber die Möglichkeiten der Standard-Unix-Gruppen und -Benutzer auszureizen, als allzu viele Zugriffsrechte über ACLs zu verwalten.

5.3.7 Dateiattribute

Je nach verwendetem Dateisystem gibt es verschiedene Dateiattribute, die einer Datei besondere Eigenschaften verleihen. So kann eine Datei unveränderbar („immutable"), d. h. auch nicht zu löschen, sein oder vom Dateisystem automatisch komprimiert werden, um Platz zu sparen. Die Dateiattribute zeigt `lsattr` an, `chattr` verändert sie.

```
root@linux:~# echo "Test" > file
root@linux:~# chmod 0777 file
root@linux:~# chattr +i file
root@linux:~# rm -f file
rm: Entfernen von 'file' nicht möglich: Keine Berechtigung
```

Eine Übersicht über die möglichen Attribute bietet die Manpage zu `chattr`.

Einige Dateisysteme bieten sogar Erweiterungen, die das Speichern von erweiterten Dateiattributen erlauben. Dort lassen sich beispielsweise Kommentare oder Metadaten zu einem File im Dateisystem ablegen.

TIPP:
Access Control Listen, Dateiattribute und erweiterte Dateiattribute bedürfen beim Kopieren und bei Backups besonderer Beachtung. Einige Programme erfordern zusätzliche Optionen um die entsprechenden Informationen zu berücksichtigen, andere können von sich aus gar nicht damit umgehen.

5.4 Besondere Verzeichnisse und Dateien

5.4.1 Verzeichnisstruktur und Systemdateien

Unprivilegierte Benutzer dürfen zunächst nur auf Dateien in ihrem Home-Verzeichnis und in Verzeichnissen für temporäre Daten schreiben. Alle anderen Ablageorte im Linux-System sind für sie nicht beschreibbar. Bis auf einige Dateien und Verzeichnisse ist jedoch vieles lesbar. Die Verzeichnisstruktur eines Linux-Systems ähnelt einem Baum (vgl. auch Seite 66) – hier ein kleiner Ausschnitt, ausgehend von der Root-Ebene:

```
/
|-- bin
|-- boot
|-- dev
|-- etc
|-- home
|   `-- user
|-- lib
|-- lib64
|-- media
|-- mnt
|-- opt
|-- proc
|-- root
|-- run
|-- sbin
|-- sys
|-- tmp
|-- usr
|   |-- bin
|   |-- lib
|   |-- local
|   |-- sbin
|   `-- share
`-- var
```

Allen Benutzer dürfen Kommandos ausführen – ob sie die gewünschten Ergebnisse liefern können, hängt meist von den Berechtigungen ab. Entsprechend müssen neben den Programmdateien in `/bin/`, `/sbin/`, `/usr/bin/` und `/usr/sbin/` auch alle Bibliotheken in `/lib/` und `/usr/lib/` sowie weitere Daten (meist in `/usr/share/`) lesbar sein – wobei `/sbin/` und `/usr/sbin/` System-Binaries enthalten, die auf vielen Distributionen nur `root` zur Verfügung stehen.

In `/usr/share/` landen alle sonstigen, von den Programmen benötigten Dateien, dazu können Bilder und Icons ebenso gehören wie Texte, Tabellen oder Beispielkonfigurationen. In den Unterordnern `/usr/share/man/` und `/usr/share/doc/` findet sich die Dokumentation.

Auf einige Verzeichnisse haben allerdings nur diverse Systemprogramme oder -dienste Zugriff. Aus Sicherheitsgründen ist es beispielsweise nur `root` erlaubt, auf bestimmte Verzeichnisstrukturen unter `/var/` zuzugreifen. E-Mails, Passwörter und deren Hashes oder diverse Konfigurationen bleiben eben besser dem Eigentümer oder dem Systemverwalter vorbehalten.

5.4.2 Systemweite Konfigurationen

Systemweite Einstellungen finden sich in den Dateien unter `/etc/`. Sie gelten für alle Benutzer, aber nur `root` darf sie anpassen. Oft bieten Programme allerdings die Möglichkeit systemweite Vorgaben durch benutzerspezifische Konfigurationen im Home-Verzeichnis zu überschreiben. Die landen dann häufig in gleichnamigen Dateien, die allerdings mit einem Punkt anfangen, also als versteckte *Dot-Files* vorliegen.

5.4.3 Home-Verzeichnis

Das Home-Verzeichnis eines jeden Benutzers unterhalb von `/home/` ist einer der Orte in einem Linux-System, auf die er Zugriff hat. Hier landen neben den benutzerspezifischen Konfigurationen alle Daten des Benutzers. Auf den meisten Distributionen hat ein Benutzer nur Zugriff auf sein eigenes Home-Verzeichnis, nicht jedoch auf das der anderen Benutzer.

Eine Sonderstellung nimmt das Home-Verzeichnis des Systemadministrators `root` ein: Es liegt direkt unterhalb des Wurzelverzeichnisses als `/root/`. Der Grund ist die verbreitete Partitionierung der Linux-Systeme: Selbst wenn die Benutzer die Partition mit den Home-Verzeichnissen beschädigen, kann `root` noch arbeiten – sofern die Installation mehrere Partitionen benutzt.

5.4.4 Temporäre Verzeichnisse

Eine besondere Rolle nehmen die Verzeichnisse `/tmp/` und `/var/tmp/` ein. Die Rechte lassen es zu, dass jeder Benutzer in diese Verzeichnisse schreiben darf. Dank des Sticky Bits (vgl. Seite 141) kann ein Benutzer allerdings die Dateien eines anderen Benutzers nicht bearbeiten.

5.4.5 Hard- und Softlinks

Oftmals sind `/tmp/` und `/var/tmp/` sogar identisch. Wird eine Datei in einem der Verzeichnisse abgelegt, dann ist sie auch über den jeweils anderen Pfad erreichbar. Das realisiert Linux mit dem Konstrukt der *symbolischen Links*, auch *Verknüpfungen* oder *Symlinks* genannt.

Sie sind ein uraltes Unix-Konzept, das Ressourcen (Speicherplatz) schont und die Flexibilität der Administration erhöht: Eine Datei oder ein Verzeichnis muss nur einmal auf dem System liegen, kann aber unter beliebig vielen Namen ansprechbar sein. So ist `/var/tmp/` kein echtes Verzeichnis, sondern nur ein Verweis auf `/tmp/`. Symbolische Links funktionieren mit Verzeichnissen, Dateien und allen anderen Objekten in einem Dateisystem.

Ein häufiges Szenario für Symlinks sind verschiedene (Test-)Versionen einer Software in einem Linux-Systems, hier beispielsweise drei Versionen, jede in einem eigenen Verzeichnis:

```
user@linux:~$ ls -d software*
software_v1  software_v2  software_v3
```

Nun setzt, was auch häufig der Fall ist, die Software aber voraus, dass es ein Verzeichnis `software` gibt (also ohne Versionsbezeichnung) – andernfalls stimmen die vorgegebenen Pfade der Software nicht und sie wird nicht funktionieren. Hier nun hilft ein Symlink: Statt eines der Verzeichnisse vollständig in ein Verzeichnis `software` zu kopieren oder umzubenennen, genügt ein symbolischer Link darauf:

```
user@linux:~$ ln -s software_v2 software
user@linux:~$ ls -ld software*
lrwxrwxrwx 1 user user   11 2012-08-13 07:47 software -> software_v2
drwxrwxr-x 2 user user 4096 2012-08-13 07:45 software_v1
drwxrwxr-x 2 user user 4096 2012-08-13 07:45 software_v2
drwxrwxr-x 2 user user 4096 2012-08-13 07:45 software_v3
```

Der Aufruf eines Programms im Verzeichnis `software` ist nun tatsächlich ein Aufruf des Programms aus dem Verzeichnis `software_v2`:

```
user@linux:~$ ./software/programm.sh
Programmversion 2
```

Möchte der Benutzer nun lieber die Version 3 zum Standard machen, muss er lediglich den Link auf Version 2 löschen und einen neuen setzen:

```
user@linux:~$ rm software
user@linux:~$ ./software/programm.sh
bash: ./software/programm.sh: Datei oder Verzeichnis nicht gefunden
user@linux:~$ ln -s software_v3 software
user@linux:~$ ./software/programm.sh
Programmversion 3
```

TIPP:
Symbolische Links besitzen immer voll ausgestattete Dateiberechtigungen (777). Das ist durchaus sinnvoll, denn ob der User einen Symlink löschen kann, entscheiden die Rechte des übergeordneten Verzeichnisses; ob er die verlinkte Datei oder das verlinkte Verzeichnis modifizieren darf, hängt von den Rechten des Verknüpfungsziels (*Target*) ab.

Den zweiten Link-Typ unter Linux gibt es nur für Dateien. Bei sogenannten *Hardlinks* handelt es sich um zwei oder mehr Dateien, die auf exakt denselben Speicherbereich im Dateisystem zeigen. Ein Zähler gibt dabei Aufschluss über die Anzahl an Verlinkungen, die auf ein Ziel zeigen. Löscht der Anwender einen Link, dann setzt Linux diese Zahl einfach um 1 nach unten. Erst wenn der Zähler 0 erreicht, verschwinden die Daten aus dem Dateisystem. Ändert ein Anwender etwas in der Datei, so steht diese Änderung auch sofort an allen verlinkten Orten zur Verfügung.

TIPP:
Hardlinks haben auch immer dieselben Rechte. Werden einer Datei Rechte hinzugefügt oder entzogen, gilt dies auch für die andere Datei.

Mit dem Kommando `ln` erstellt ein Anwender einen Link zu einer Datei oder zu einem Verzeichnis. Ohne zusätzliche Optionen erstellt es einen Hardlink, aufgerufen mit `ln -s` dagegen einen symbolischen Link.

```
user@linux:~$ echo "Hello" > file
user@linux:~$ ln file hardlink
user@linux:~$ ln -s file symlink
user@linux:~$ ls -l file hardlink symlink
-rw-r--r-- 2 user user    6 Apr 13 11:56 file
-rw-r--r-- 2 user user    6 Apr 13 11:56 hardlink
lrwxrwxrwx 1 user user    4 Apr 13 11:57 symlink -> file
```

Wer sich für tiefergehende Inhalte des Dateisystems interessiert, der greift zum Kommando `stat`. Es zeigt sehr ausführliche Dateiinformationen, unter anderem die genutzte Inode[10], also die Nummer, die das Dateisystem in seinen Tabellen nutzt, um die Datei zu adressieren. Das folgende Listing zeigt, dass die beiden Dateien `file` und `hardlink` dieselbe Inode nutzen, also auf den gleichen Speicherbereich auf der Platte verweisen. Bei `ls` bringt die Option `-i` ähnliche Informationen.

```
user@linux:~$ stat file hardlink
  Datei: 'file'
  Größe: 6          Blöcke: 1         EA Block: 4096   Normale leere Datei
 Gerät: 1eh/30d          Inode: 491060      Verknüpfungen: 2
Zugriff: (0644/-rw-r--r--)  Uid: ( 1000/   user)   Gid: ( 1000/   user)
Zugriff     : 2012-05-31 21:31:12.083264807 +0200
Modifiziert: 2012-05-31 21:31:12.083264807 +0200
Geändert    : 2012-05-31 21:31:16.009836237 +0200
 Geburt     : -
  Datei: 'hardlink'
  Größe: 6          Blöcke: 1         EA Block: 4096   Normale leere Datei
Gerät: 1eh/30d            Inode: 491060      Verknüpfungen: 2
Zugriff     : (0644/-rw-r--r--)  Uid: ( 1000/   user) Gid: ( 1000/   user)
Zugriff     : 2012-05-31 21:31:12.083264807 +0200
Modifiziert: 2012-05-31 21:31:12.083264807 +0200
Geändert    : 2012-05-31 21:31:16.009836237 +0200
 Geburt     : -
```

10 Kurform von Information Node

5.5 Aufgaben

1. Welche der folgenden Aussagen ist *nicht* korrekt?

   - Der Systemadministrator `root` darf alles.
   - Benutzer werden über eine eindeutige Nummer, die UID, identifiziert.
   - Gruppen können in Gruppen zusammengefasst werden, um die Administration zu erleichtern.
   - Über Gruppen werden den Benutzern zusätzliche Berechtigungen erteilt.
   - Systemdienste haben Benutzeraccounts, an denen man sich nicht interaktiv anmelden kann.

2. Welche Informationen sind in der Datei `/etc/passwd` zu finden?

   - der Benutzername
   - der Pfad zum Heimatverzeichnis des Benutzers
   - die E-Mail-Adresse des Benutzers
   - die Login-Shell des Benutzers
   - die Gültigkeitsdauer des Benutzerpassworts

3. Mit welchem Kommando werden die Dateiberechtigungen gesetzt?

4. In welchem Verzeichnis befindet sich die systemweite Konfiguration?

   - `/cfg/`
   - `/config/`
   - `/root/`
   - `${HOME}/`
   - `/etc/`

Anhang

A Die Prüfung

A.1 Voraussetzungen

Anders als die bereits etablierten Prüfungen, die das *Linux Professional Institute* (LPI) zum Teil seit dem Jahr 2000 anbietet, richtet sich „Linux Essentials" vornehmlich an junge Leute und ihre Unterrichtenden in Schule, Berufsschule, Universität und anderen Bildungseinrichtungen. Das LPI beschreibt den typischen Kandidaten für diese Prüfung wie folgt:

> Der erfolgreiche Kandidat sollte die Linux- und Open-Source-Industrie verstehen und die gängigsten Open-Source-Anwendungen kennen. Der Kandidat sollte die Hauptkomponenten des Linux-Betriebssystems verstehen und das technische Wissen zum Arbeiten auf der Kommandozeile besitzen. Der „Most Qualified Candidate" hat Grundkenntnisse zu Themen mit Bezug auf Sicherheit und Administration, wie dem Verwalten von

Benutzern und Gruppen, dem Arbeiten auf der Kommandozeile und zum Thema Berechtigungen auf einem System. Der Inhaber eines Linux-Essentials-Zertifikats ist höchstwahrscheinlich Endnutzer eines weitgehend verwalteten Systems.[1]

Im daran anschließenden Anforderungsprofil beschreibt das Institut das vom Prüfling erwartete Vorwissen. Schon bei der Wortwahl will das LPI dabei niemanden verschrecken, der Tenor liegt auf den Adjektiven „grundlegend“, „einfach“ oder auch „gängig“ – sowohl bei Konzepten wie auch bei technischen Details. Man möchte dem Interessierten Berührungsängste nehmen und ihm zeigen: So schwer ist der Einstieg in Linux nicht.

A.2 LPIC – Zertifizierungen für Profis

Anders verhält es sich mit den anderen Angeboten des LPI: In den drei Stufen der Prüfungen *Linux Professional Institute Certification* (LPIC)[2] konzentriert sich die Organisation auf professionelle Administratoren und verlangt diesen auch einiges ab. Teilnehmer der Prüfungen zu LPIC-1, LPIC-2 und LPIC-3 müssen tiefergehende Kenntnisse über verschiedenste Gebiete der Linux-IT nachweisen. In der Regel muss spätestens bei den Tests der zweiten Ebene jeder Teilnehmer mindestens einen Themenbereich von Grund auf erst erlernen. Das liegt daran, dass die typischen Tätigkeiten eines Administrators selten so umfassend sind wie die Prüfungen des LPI; jeder Profi hat meist sein Spezialgebiet. Ausgefeilte Server-Setups und detaillierte Kenntnisse der vielen Optionen der Shell-Kommandos gehören aber ebenso zu den Voraussetzungen wie grundlegende Konzepte zur erfolgreichen Fehlersuche und vieles mehr.

Der hohe Anspruch ist auch ausdrücklich gewollt. Schon die Vorbereitung auf die Prüfungen hilft viel und nutzt auch Autodidakten, ihr Wissen zu ordnen und etwaige Kenntnislücken zu schließen, die sie sonst vielleicht erst im Ernstfall bemerkt hätten. Das scheint dem LPI zu gelingen, denn immer wieder bekommt das Institut viel Lob und Zuspruch für Auswahl und Umfang der Zertifizierungen.

Wer die Absicht hat, *alle* LPIC-Zertifikate zu erwerben, sei gewarnt: Das erweist sich fast immer als langjähriger Prozess. LPIC Level 1 und 2 bestehen aus jeweils zwei aufeinander aufbauenden Tests, Level 3 aus einem obligatorischen Spezialtest und freiwilligen Ergänzungsprüfungen. Absolventen zufolge steigt der Schwierigkeitsgrad exponentiell.

Vor allem ab LPIC-2 wird die Luft auch für viele vermeintliche Kenner dünn. Doch wer es schafft, einer der wenigen LPIC-3-zertifizierten Linux-Spezialisten zu werden, der hat glänzende Jobaussichten. Ganz nebenbei:

[1] `http://wiki.lpi.org/wiki/LinuxEssentials(DE)`
[2] `http://www.lpice.eu/de/lpi-zertifizierungsinhalte.html`

Ein erfolgreicher Abschluss der LPI-Tests berechtigt auch dazu, mit dem Logo des Instituts für sich und seine Dienstleistungen zu werben.

Abbildung A.1:
Die LPIC-Logos Level 1 bis 3

A.3 Wo kann ich die Prüfung ablegen?

Das LPI bietet seine Prüfungen weltweit an. Das klingt aufwändiger als es ist, denn mit den *Virtual University Enterprises* (VUE)[3] hat es einen Partner gefunden, der die Tests in eigens zertifizierten Prüfungsräumen online abnehmen kann. Parallel dazu gibt es sogenannte *Paper Based Tests* (PBT)[4]. Diese finden vor allem im akademischen Umfeld, an Berufsschulen, Fachhochschulen oder Universitäten, aber auch auf Community-Veranstaltungen statt, wie dem LinuxTag in Berlin, der FOSDEM in Brüssel, der FrOSCon in Sankt Augustin oder der OpenRheinRuhr in Oberhausen. Während die Prüfungsteilnehmer bei der Online-Prüfung in den VUE-Testcentern ihre Ergebnisse sofort erhalten, gibt es diese bei den PBTs erst nach einigen Wochen per E-Mail, weil das LPI die Bögen erst auswerten muss.

Gerade für die PBTs auf Community-Veranstaltungen bietet das LPI die Prüfungen immer wieder zu deutlich vergünstigten Konditionen an, auch für die „Essentials". Es lohnt, sich auf der Anmeldeseite des LPI[5] über das Prüfungsangebot auf Veranstaltungen zu informieren. Aktuell liegt der Preis für die Essentials-Prüfung bei 50 Euro; wer den Test nicht besteht, muss beim nächsten Versuch wieder zahlen.

An der Infrastruktur für die Linux-Essentials-Tests arbeitet das LPI. Zur Drucklegung dieses Buches war gerade einmal ein Prüfungscenter angekündigt, das Prüfungen am Computer abnehmen kann. Aktuelle Informationen zu weiteren Prüfungscentern stellt das LPI auf seiner Webseite[6] zur Verfügung.

Hier findet der Teilnehmer auch Informationen über die Anmeldefristen für die jeweiligen Prüfungscenter oder die Community-Veranstaltungen.

[3] `http://www.pearsonvue.com/lpi/`
[4] Prüfungen mit Stift und Papier, die vom LPI zugelassenes Personal (sogenannte Proctoren) überwacht.
[5] `http://lpievent.lpice.eu`
[6] `http://www.lpice.eu/de/pruefungen-ablegen.html`

A.4 Fragen, Themenbereiche und Gewichtung

Die Inhalte der eigentlichen Prüfung hat das LPI einer *Gewichtung* unterzogen. Für jeden Themenbereich gibt das Institut explizit an, wie viele der insgesamt 40 Fragen daraus in der Prüfung vorkommen . Wer sich die detaillierten Prüfungsunterlagen ansieht (vgl. Anhang C), findet sogar bei den Unterthemen Angaben zu deren Einfluss auf die Prüfung.

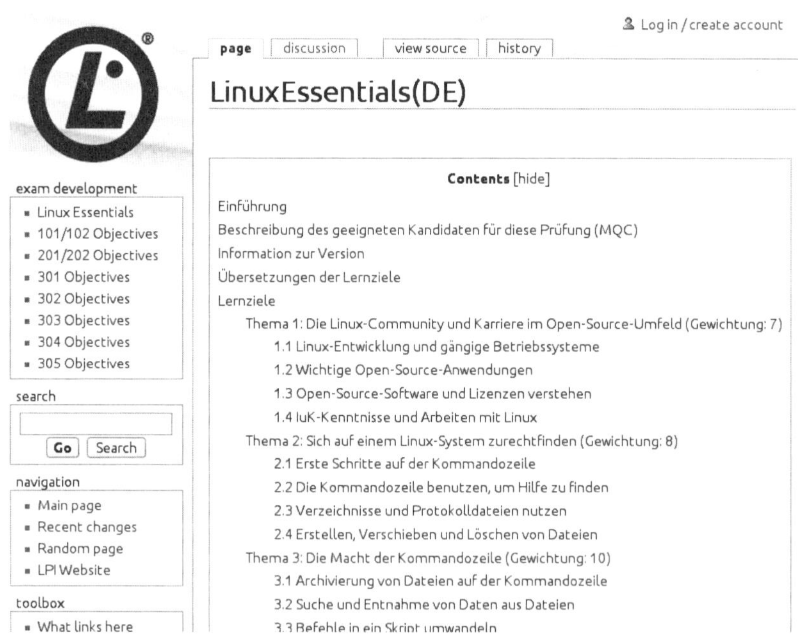

Abbildung A.2: Die Wiki-Seite des LPI enthält alle Objectives, also Themenbereiche, und weist deren Gewichtung innerhalb der Tests aus.

Alle Prüfungsfragen sind identisch aufgebaut:

1. Welche *ZWEI* der folgenden Konfigurationsdateien sind unter dem Pfad `/etc` zu finden?

   A. `linuxessentials.pdf`

   B. `resolv.conf`

   C. `test.conf`

   D. `hosts`

   E. `pam.d`

Beim *Multiple-Choice-Verfahren* muss der Prüfungsteilnehmer eine oder mehrere (hier *zwei*) richtige Antworten identifizieren und markieren. Das

LPI gibt sogar die Anzahl der richtigen Antworten vor, wenn es mehr als eine ist. Die Frage gilt aber nur dann als richtig beantwortet, wenn der Prüfling alle korrekten Punkte nennen kann (im Beispiel oben B. und D.)

Neben dem Multiple-Choice-Verfahren gibt es noch *Lückentext*:

2. Die IP-Adresse des Namservers wird in der Datei ________________ hinterlegt.

Die richtige Antwort für diese Frage (`/etc/resolv.conf`) muss der Prüfling an der markierten Stelle eintragen. Auch hier gibt es Fragen mit mehreren möglichen Antworten, die das LPI als Alternativen hinterlegt hat.

A.5 Prüfungsergebnisse, Wiederholung und Zertifikate

Genaue Angaben, wie viele Fragen der Kandidat zum Bestehen der Prüfung richtig zu beantworten hat, gibt das LPI nicht, da die Fragen ein unterschiedliches Scoring haben. Ab 75% richtig beantworteter Fragen ist ein Prüfling erfahrungsgemäß auf der sicheren Seite. Die E-Mail mit den Prüfungsergebnissen weist den Score 500 von 800 möglichen Punkten für das Bestehen aus; das entspricht 62,5% der Punkte (nicht der Fragen!).

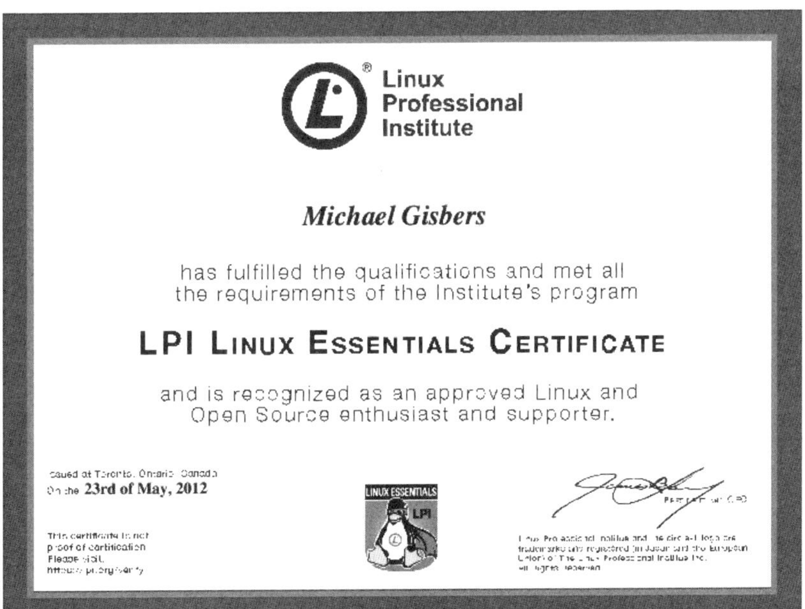

Abbildung A.3: Das Zertifikat

Der gesamte Prüfungsdurchlauf dauert 60 Minuten, lässt durchschnittlich also 1,5 Minuten Zeit pro Frage. Davor gibt es eine Einweisung und ein Tutorial, in dem Beispiele für die Fragestellungen und Antwortmöglichkeiten dargestellt sind. Die hierfür benötigte Zeit ist keine Prüfungszeit.

Teilnehmer der elektronischen Prüfungsabnahme freuen sich direkt nach deren Abschluss über das Ergebnis, das sowohl auf dem Bildschirm als auch per E-Mail mitgeteilt wird. PBT-Teilnehmer müssen einige Wochen auf das Ergebnis warten.

Mit der Auskunft über die erreichte Punktzahl erhalten diejenigen, die die Prüfung bestanden haben, das Zertifikat als PDF-Datei, die sie aus dem Kandidatenbereich der LPI-Homepage[7] herunterladen können.

Gleichzeitig erhalten sie vom LPI die Erlaubnis, das Linux-Essentials-Logo von der Website[8] zu nutzen, und dürfen dieses auf ihren Visitenkarten oder Webseiten verwenden.

Abbildung A.4: Das Logo

Falls es mit der Prüfung nicht geklappt hat, kann sich der Prüfling für einen neuen Versuch anmelden. Die Sperrzeiten zwischen den Prüfungen entsprechen denen der anderen LPI-Prüfungen: sieben Tage nach dem ersten Fehlversuch, 30 Tage zwischen allen weiteren Versuchen. Eine Maximale Anzahl an Prüfungsversuchen hat das LPI nicht definiert.

Das Zertifikat ist lebenslang gültig und benötigt keine Erneuerung – im Gegensatz zu den weiterführenden Zertifikaten, die nach fünf Jahren vom Status *aktiv* auf den Status *passiv* wechseln, wenn der Prüfling während dieser Zeit die Prüfung nicht wiederholt oder eine höherwertige Zertifizierung erlangt.

7 `http://lpi.org`
8 `http://www.lpi.org/about/logos`

B

Die DVD

Mit der beiliegenden DVD erhalten Sie „Ubuntu 12.04 LTS“[1] – ein modernes, über mehrere Jahre garantiert unterstütztes[2] und sehr umfangreich ausgestattetes Linux-System.

Es umfasst sowohl ein Live-System, das wir im folgenden beschreiben, aber auch ein vollständiges Installationssystem, so dass Sie das Betriebssystem auf Ihrem Rechner (auch neben anderen Betriebssystemen!) installieren können.

Die DVD ist beidseitig beschrieben und enthält auf beiden Seiten das gleiche System, einmal für 32- und einmal für 64-Bit-Prozessoren. Abhängig davon, welche CPU in Ihrem Rechner eingebaut ist, eignet sich entweder die Seite mit der Aufschrift „i386“ (32 Bit) oder eben „amd64“ (64 Bit). Die „i386“-Variante läuft auf 32-Bit- *und* auf 64-Bit-Prozessoren – die „amd64“-

[1] `http://www.ubuntu.com`

[2] Die Abkürzung LTS (*Long Term Support*) garantiert ab Erscheinen der Version (April 2012) Support durch Ubuntu für 5 Jahre.

Ausgabe nur auf den moderneren 64-Bit-CPUs. Hier nutzt es dann einige Vorteile dieser Prozessor-Architektur, wie zum Beispiel die Möglichkeit, auch Arbeitsspeicher von mehr als 4 GB korrekt anzusprechen. Sind Sie sich unsicher, testen Sie erst die 64-Bit-Variante und wechseln Sie bei einer Fehlermeldung einfach zur 32-Bit-Version – Sie können dabei nichts kaputt machen.

B.1 Was ist eine Live-DVD?

Die Offenheit und Freiheit des Linux-Systems haben Entwickler dazu veranlasst, auch neue Wege bei der Installation zu beschreiten. Klassische Systeme muss der Anwender vor Gebrauch auf seinem Rechner installieren und dabei vielerlei Besonderheiten beachten. Vor allem, wenn er mehrere OS parallel nutzen möchte, braucht er freien Platz auf der Festplatte, die Partitionierung muss stimmen und ein Bootmanager muss her. Der soll beim Starten des PCs ein Menü anzeigen, damit der Anwender aussuchen kann, ob er gerade Windows oder ein anderes Betriebssystem starten möchte.

Zwar erledigen all das moderne Linux-Systeme vollautomatisch und fast immer fehlerfrei, doch es gibt für den, der Linux einfach mal testen will, eine viel einfachere Variante: ein *Live-System*. Das bietet sich übrigens auch dann an, wenn die Lern- und Unterrichtsumgebung für dieses Buch keine Linux-Systeme zur Vefügung stellt; sofern die Rechner über ein DVD-Laufwerk verfügen, lässt sich von der DVD starten, ohne Veränderungen an den Rechnern vornehmen zu müssen – und alle Teilnehmer haben dieselbe Lernumgebung!

Ein Live-Linux läuft ausschließlich im Arbeitsspeicher, wo es die für den Betrieb eines OS notwendigen Festplattenlaufwerke simuliert.

B.2 Die Live-DVD booten

Der Systemstart eines Rechners nach dem Einschalten wird auch als *Boot-Vorgang*[3] bezeichnet, ein Neustart heißt dementsprechend *Reboot*.

Beim Booten passiert sehr vereinfacht Folgendes: Das BIOS (Basic Input/Output System) eines Rechners, ein Chip mit fest installierter Software, testet die Hardware, die es beim Einschalten vorfindet, und bietet dem Benutzer ein meist simples, textorientiertes Menü für die grundlegende Konfiguration.

[3] Der Begriff stammt wohl von der englischen Redewendung „to pull oneself up by one's bootstraps“ (etwa „sich selbst an den Haaren aus dem Sumpf ziehen“): Es geht um das Bild für den Vorgang, dass ein System sich selbst startet.

Meist müssen Sie hier keine Änderungen vornehmen, weil Ihr Hardware-Händler das vor dem Verkauf des Rechners erledigt hat. Bastler jedoch verbringen viel Zeit damit, die oft umfangreichen Settings des BIOS zu „tweaken“, also zu optimieren. Eine Einstellung im BIOS definiert beispielsweise, von welchem Laufwerk der Rechner ein Betriebssystem starten soll.

Fast alle Computer versuchen im Auslieferungszustand, automatisch von einem DVD-Laufwerk zu booten. Ist dort ein Datenträger mit bootfähigen Inhalten – zum Beispiel die DVD dieses Buches – eingelegt, dann erhält der Anwender gleich das Menü des Bootmanagers der DVD. Dort ist die Sprachauswahl bereits aufgeklappt, das Tastaturlayout stellt Ubuntu dann entsprechend Ihrer Auswahl sinnvoll ein.

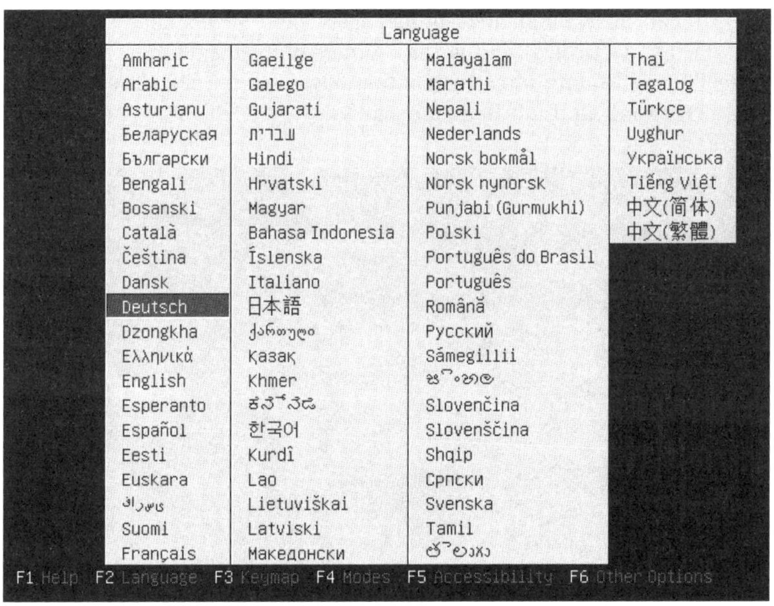

Abbildung B.1: Ubuntus Bootloader präsentiert die Sprachauswahl.

TIPP:
Bootet ihr PC nicht von der DVD, kann das daran liegen, dass ein umsichtiger Administrator das verhindert und diese Einstellung im BIOS deaktiviert hat[4]. Dann helfen entweder die Tasten [Esc] oder [F12] weiter und präsentieren Ihnen (nach der Eingabe eines hoffentlich konfigurierten BIOS-Passworts) einmalig ein Menü mit einer Auswahl der Laufwerke, von denen Sie den Rechner starten können. Klappt auch das nicht, müssen Sie im BIOS entweder die Reihenfolge der Laufwerke,

4 Schließlich könnte ein böswilliger Angreifer mit seinem eigenen System auf dem Rechner ebenfalls alles machen, was sonst nur der Systemadministrator darf.

die der Rechner beim Starten absucht, ändern, oder das DVD-Laufwerk explizit aktivieren. Auf den meisten handelsüblichen PCs erreicht man die Einstellungen des BIOS über die Tasten [Entf] oder [F2] – aber nur innerhalb eines bisweilen recht kurzen Zeitfensters von wenigen Sekunden nach dem Einschalten. Klappt das alles nicht, bleibt nur der hoffnungsfrohe Griff zur Anleitung Ihres Computers.

B.3 Das Bootmenü der DVD

Wie Abbildung B.2 zeigt, können Sie nach der Sprachwahl aus verschiedenen Einträgen auswählen. Bereits hier lässt sich die Installation auf Festplatte starten. Den Live-Modus, also Linux ohne Installation, startet der oberste Eintrag **Ubuntu ohne Installation ausprobieren**, mit den Richtungstasten ausgewählt und mit Return bestätigt.

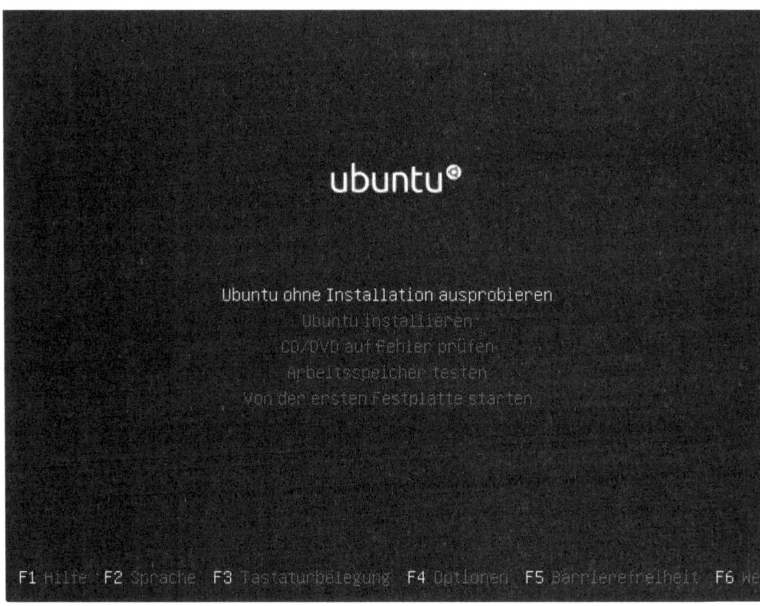

Abbildung B.2: Ubuntus Bootloader wartet auf die Auswahl des zu bootenden Systems.

Jetzt startet das Ubuntu-System von der DVD. Dem Benutzer zeigt es einen simplen Bildschirm mit einem Ubuntu-Schriftzug sowie einige Punkte als einfache Fortschrittsanzeige. Wo früher für Einsteiger verwirrende Textmitteilungen über den Bildschirm huschten, präsentiert sich modernes Linux eher verschwiegen. Wer detailliert verfolgen möchte, was das System gerade so treibt, der wechselt mit [F2] in die ausführliche Ansicht und lässt viele für den Spezialisten aussagekräftige Zeilen vorbeiziehen.

Abbildung B.3: Ubuntu startet und zeigt dem Benutzer den Bootscreen.

B.4 Live-Desktop

War der Bootvorgang erfolgreich, startet Ubuntu automatisch die grafische Oberfläche namens *Unity*. Hier stehen dem Anwender zahlreiche Programme zur Verfügung, beispielsweise die in Kapitel 1 vorgestellten. Natürlich funktionieren auch die dort beschriebenen Wege zu einem Terminal und alle im Verlauf des Buches ausgeführten Beispiele und Aufgaben. Fast immer wird das System auch ihre Netzwerkkonfiguration automatisch erkennen. Nur bei drahtlosen Netzwerken (WLAN und UMTS) wird es Sie nach Usernamen und Passwort fragen. Diese Credentials speichert es aber nicht dauerhaft, sondern behält sie nur für die Dauer der Live-Sitzung, also bis zum Abmelden des Users.

TIPP:
Die Linux-Live-Versionen verfügen mittlerweile über eine hervorragende Hardware-Erkennung. Auch sind die aktuellen Desktops und Netzwerktools in Sachen Benutzerfreundlichkeit massentauglich geworden. Das macht eine Distribution, wie sie diesem Buch beiliegt, attraktiv auch für sicherheitsbewusste Anwender: Die surfen mit Live-Systemen im Internet, ohne

auf dem eigenen PC Spuren zu hinterlassen, ohne sich Viren einzufangen, und ohne die Gefahr, lokale Daten unfreiwillig im World Wide Web preiszugeben.

Abbildung B.4: Ubuntu ist gestartet und der Unity Desktop wartet auf Interaktion des Benutzers.

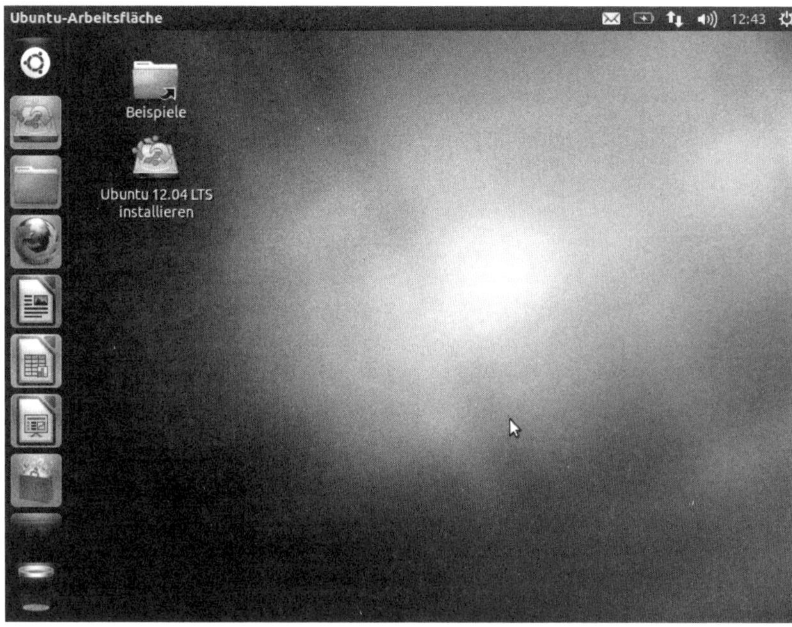

Übrigens kann ein Live-System auch ein wichtiges Hilfsmittel im Notfall sein, um etwa einen defekten Windows-PC unter die Lupe zu nehmen, ihn zu reparieren oder einfach nur die Daten von dessen Festplatten auf einen USB-Stick zu sichern. Bootet Ihr Windows-System nicht mehr, dann sollten Sie ein Live-Linux zu Hilfe holen, hilfreiche Anleitungen bietet das Internet zuhauf.[5]

B.5 Herunterfahren

Wollen Sie Ubuntu nach getaner Arbeit wieder verlassen, dann starten Sie den Rechner neu mit einem Klick auf die Buttons ganz rechts oben in der grafischen Oberfläche. Linux fährt herunter, wirft die DVD aus und startet nach einem Druck auf die Enter-Taste das gewohnte Betriebssystem von der Festplatte.

[5] `http://www.troubleshooters.com/linux/knoppix/knoppix_rescue.htm`

TIPP:
Das Herunterfahren vor dem Ausschalten ist bei einer Live-Distribution eigentlich nicht notwendig, dient es doch normalerweise nur zum Sichern der Daten der aktuellen Desktop-Sitzung. Das Volatile ist aber gerade ein zentraler Bestandteil des Konzeptes von Live-DVDs. Insofern können Sie die Sitzung jederzeit abbrechen, indem Sie den Rechner ausschalten oder neu starten, auch über die Hardware-Resettaste – Sie können auch dabei nichts kaputt machen.

C

Lernziele

Damit Sie während der Vorbereitung jederzeit einen Blick auf die vom LPI definierten Prüfungsanforderungen werfen können, finden Sie im Folgenden deren zur Drucklegung des Buches aktuelle Version 1.0 vom Wiki des LPI.[1]

Thema 1: Die Linux-Community und Karriere im Open-Source-Umfeld (Gewichtung: 7)

1. **Linux-Entwicklung und gängige Betriebssysteme**

   Kenntnisse zur Entwicklung von Linux und wichtigen Distributionen. (Gewichtung: 2)

[1] `http://wiki.lpi.org/wiki/LinuxEssentials%28DE%29`

- Open Source Philosophie
- Distributionen
- Embedded Systems

Als wichtige Begriffe nennt das LPI hier: Android, Debian und CentOS.

2. **Wichtige Open-Source-Anwendungen**

   Wichtige Anwendungen und deren Nutzung. (Gewichtung: 2)

   - Desktop-Anwendungen
   - Server-Anwendungen
   - Mobile Anwendungen
   - Entwicklungssprachen
   - Werkzeuge für die Paketverwaltung

   Begriffe: OpenOffice.org, LibreOffice, Thunderbird, Firefox, Blender, Gimp, Audacity, ImageMagick, Apache, MySQL, PostgreSQL, NFS, Samba, OpenLDAP, Postfix, DNS, DHCP, C, Java, Perl, Shell, Python, PHP

3. **Open-Source-Software und Lizenzen verstehen**

   Open-Source-Communities und die Lizenzierung freier und Open-Source-Software. (Gewichtung: 1)

   - Lizenzen
   - Free Software Foundation (FSF), Open Source Initiative (OSI)

   Begriffe: GPL, BSD, Creative Commons, Free Software, Open Software, FOSS, FLOSS, Open-Source-Geschäftsmodelle, geistiges Eigentum: Copyright, Markenzeichen und Patente, Apache-Lizenz, Mozilla-Lizenz

4. **IuK-Kenntnisse und Arbeiten mit Linux**

   Grundkenntnisse der Informations- und Kommunikationstechnologie (IuK) und Arbeiten mit Linux. (Gewichtung: 2)

   - Desktop-Kenntnisse
   - Erste Schritte auf der Kommandozeile
   - Gewerbliche Nutzung von Linux, Cloud Computing und Virtualisierung

   Begriffe: Nutzung eines Browsers, Sicherheitsbedenken, Einstellungsoptionen, Websuche, Speichern von Inhalten, Terminal und Konsole, Passworteinstellungen, Einstellungen der Privatsphäre, Werkzeuge, Nutzung gängiger Open-Source-Anwendungen in Präsentationen und Projekten

Thema 2: Sich auf einem Linux-System zurechtfinden (Gewichtung: 8)

1. **Erste Schritte auf der Kommandozeile**

   Grundkenntnisse zur Benutzung der Linux-Kommandozeile. (Gewichtung: 2)

   - Shell-Grundkenntnisse
   - Kommandos eingeben und strukturieren
   - Mit Optionen arbeiten
   - Variablen
   - Globbing, Suchmuster
   - Quoting

   Begriffe: `echo`, `history`, Umgebungsvariable `PATH`, `which`, Variablenersetzung, Steuerungsoperatoren

2. **Die Kommandozeile benutzen, um Hilfe zu finden**

   Hilfekommandos benutzen und die Navigation durch die unterschiedlichen Hilfesysteme. (Gewichtung: 2)

   - `man`
   - `info`

   Begriffe: `man`, `info`, Handbuchseiten (Manual Pages), `/usr/share/doc`, `locate`, `apropos`, `whatis`, `whereis`

3. **Verzeichnisse und Protokolldateien nutzen**

   Navigieren in Home- und System-Verzeichnissen und Protokolldateien an verschiedenen Orten. (Gewichtung: 2)

   - Dateien, Verzeichnisse
   - Versteckte Dateien und Verzeichnisse
   - Home
   - Absolute und relative Pfade

   Begriffe: Gängige Optionen für `ls`, rekursives Auflisten, `cd`, `.` und `..`, `HOME` und `~`

4. **Erstellen, Verschieben und Löschen von Dateien**

   Erstellen, Verschieben und Löschen von Dateien und Verzeichnissen im eigenen Verzeichnis. (Gewichtung: 2)

- Dateien und Verzeichnisse
- Beachtung von Groß- und Kleinschreibung
- Einfaches Globbing und Quoting

Begriffe: `mv`, `cp`, `rm`, `touch`, `mkdir`, `rmdir`

Thema 3: Die Macht der Kommandozeile (Gewichtung: 10)

1. **Archivierung von Dateien auf der Kommandozeile**

   Archivierung von Dateien im eigenen Verzeichnis. (Gewichtung: 2)

   - Dateien, Verzeichnisse
   - Archive, Komprimieren

   Begriffe: `tar`, gängige `tar`-Optionen, `gzip`, `bzip2`, `zip`, `unzip`, Einzelne Dateien aus Archiven extrahieren

2. **Suche und Entnahme von Daten aus Dateien**

   Suche und Entnahme von Daten aus Dateien in den Home-Verzeichnissen. (Gewichtung: 4)

   - Kommando-Pipelines
   - Eingabe-/Ausgabe-Umleitung
   - Wichtigste POSIX-konforme reguläre Ausdrücke

   Begriffe: `find`, `grep`, `less`, `head`, `tail`, `sort`, `cut`, `wc`, Grundlegende reguläre Ausdrücke gemäß POSIX, erweiterte reguläre Ausdrücke gemäß POSIX, `xargs`

3. **Befehle in ein Skript umwandeln**

   Wiederkehrende Befehle in einfache Skripte umwandeln. (Gewichtung: 4)

   - Grundlagen der Textbearbeitung
   - Grundlagen von Shellskripten

   Begriffe: `/bin/sh`, Variable, Argumente, For-Schleifen, `echo`, Rückgabewert, `pico`, `nano`, `vi` (nur Grundlagen zur Erstellung von Skripten), `Bash`, `if`, `while` und `case`, `read`,`test` und `[ ]`.

Thema 4:
Das Linux-Betriebssystem (Gewichtung: 8)

1. **Wahl eines Betriebssystems**

   Kenntnisse über wichtige Betriebssysteme und Linux-Distributionen. (Gewichtung: 1)

   - Unterschiede zwischen Windows, Mac und Linux
   - Management des Lebenszyklus von Distributionen

   Begriffe: GUI versus Kommandozeile, Desktop-Konfiguration, Wartungszyklen, Beta und Stabil

2. **Computer-Hardware verstehen**

   Vertrautheit mit den Komponenten für den Bau von Desktop- und Server-Computern. (Gewichtung: 2)

   - Hardware

   Begriffe: Festplatten und Partitionen, Hauptplatinen, Prozessoren, Netzteile, optische Laufwerke, Peripheriegeräte, Bildschirmarten, Treiber

3. **Datenspeicherung**

   Wo verschiedene Arten von Informationen in einen Linux-System gespeichert werden. (Gewichtung: 3)

   - Kernel
   - Prozess
   - `syslog`, `klog`, `dmesg`
   - `/lib`, `/usr/lib`, `/etc`, `/var/log`

   Begriffe: Programme, Bibliotheken, Pakete und Paketdatenbanken, Systemeinstellungen, Prozesse und Prozesstabellen, Speicheradressen, Systembenachrichtigungen und Protokollierung, `ps`, `top`, `free`

4. **Den Computer ins Netz einbinden**

   Abfragen wesentlicher Netzwerkeinstellungen und Bestimmen der Grundvoraussetzungen für einen Computer in einem Local Area Network (LAN). (Gewichtung: 2)

   - Internet, Netzwerk, Router
   - Domain Name Service
   - Netzwerkeinstellungen

   Begriffe: `route`, `resolv.conf`, IPv4, IPv6, `ifconfig`, `netstat`, `ping`, `ssh`, `dig`

Thema 5: Sicherheit und Dateiberechtigungen (Gewichtung: 7)

1. **Grundlegende Sicherheit und Identifizieren von Benutzertypen**

   Verschiedene Benutzertypen in einem Linux-System. (Gewichtung: 2)

   - Root und unprivilegierte Nutzer
   - Systemnutzer

   Begriffe: `/etc/passwd`, `/etc/group`, `id`, `who`, `w`, `sudo`, `su`

2. **Benutzer und Gruppen erstellen**

   Benutzer und Gruppen in einem Linux-System erstellen. (Gewichtung: 2)

   - Befehle zu Benutzern und Gruppen
   - User-IDs

   Begriffe: `etc/passwd`, `/etc/shadow`, `/etc/group`, `id`, `last`, `useradd`, `groupadd`, `passwd`, `usermod`, `groupmod`, `userdel`, `groupdel`

3. **Einstellungen für Dateiberechtigungen und Dateieigentum**

   Verstehen und Bearbeiten von Dateiberechtigungen und Eigentumseinstellungen. (Gewichtung: 2)

   - Datei- und Verzeichnisrechte und Dateieigentümer

   Begriffe: `ls -l` , `chmod`, `chown`, `chrgrp`

4. **Besondere Verzeichnisse und Dateien**

   Besondere Verzeichnisse und Dateien in einem Linuxsystem, einschließlich besonderer Zugriffsrechte. (Gewichtung: 1)

   - Systemdateien, Bibliotheken
   - Symbolische Links

   Begriffe: `/etc`, `/var`, `/tmp`, `/var/tmp`, Sticky Bit, `ls -d`, `ln -s`, Hardlinks, Setuid/Setguid

D

Glossar

Administrator
: Der Systemverwalter (auf einem Linux-System mit dem Benutzernamen `root`), der alle Daten verändern und Systemeinstellungen vornehmen kann.

Algorithmus
: Eine definierte Kette mathematischer Berechnungsvorschriften zur Lösung einer Aufgabe, etwa zur Umrechnung von Passwörtern.

Android
: Von Google entwickelte Embedded-Linux-Variante für Smartphones, Tablets u. a., die nur den Kernel verwendet, aber auf weite Teile der Linux-typischen Softwareumgebung verzichtet.

Beta
: Entwicklungsstadium einer Software, in dem diese zwar benutzbar ist, aber noch nicht fertig. Bei Betaversionen sind die Entwickler überzeugt, dass sich noch Fehler finden werden. Als Betaphase gilt der

letzte Zeitraum vor der Veröffentlichung bzw. Freigabe der stabilen Version. So können möglichst viele Anwender und Programmierer bei der Fehlersuche helfen.

Betriebssystem

Sammlung von Programmen und anderer Software, die die Hardware-Ressourcen eines Rechners steuern und für den Anwender nutzbar machen. Beispiele: Linux, Mac OS X, Microsoft Windows u. a.

Bibliothek

Software-Sammlung, auf die verschiedene Programme zugreifen können; ein Reservoir von Hilfsmitteln oder Funktionen, die Entwickler nicht in jedem Programm separat implementieren müssen, zum Beispiel um auf Bilddateien eines bestimmten Formates zugreifen zu können.

BIOS (Basic Input/Output System)

Vom Hersteller fest installierte Software (siehe *Firmware*) auf der Hauptplatine eines Rechners.

BSD (Berkeley Software Distribution)

Familie von Betriebssystemen, deren Ursprung in Unix liegt und die auch die Basis u. a. für Apples Mac OS X darstellt. Sehr verbreitet auch bei Hardware-Herstellern im Embedded-Bereich.

Closed Source

„Geschlossene Quellen"; Software, für die der zugrundeliegende Quellcode nicht zur Verfügung steht.

Copyleft

Gegenentwurf zum Copyright, der die Freiheit zur Weitergabe und Nutzung von Werken in den Mittelpunkt stellt.

Credentials

Die Kombination aus Username und Passwort, die der Anwender für ein erfolgreiches Anmelden am System benötigt.

Dateisystem

Vorschriften zur und die Organisation der Dateiablage auf Datenträgern (z. B. Festplatten) eines Rechners; Dateisysteme sind eng mit dem Betriebssystem verbunden. Beispiele: ext3, XFS, FAT, Btrfs u. a.

Desktop-Umgebung

Die grafischen Benutzeroberflächen moderner Rechner bedienen in der Regel die Analogie zu einem Schreibtisch (Desktop), auf dem der Anwender Dateien, Ordner und Programme ablegen kann. Desktop-Umgebungen sind Software-Projekte, die diese Darstellung übernehmen. Beispiele sind *KDE*, *Gnome* oder *Unity*.

Distribution
Zusammenstellung von überwiegend freier Software nach einheitlichen technischen Kriterien, die die Wartung und das Zusammenspiel der einzelnen Komponenten sicherstellen; die Organisation der Teile erfolgt meist in Paketen. Beispiele: Ubuntu, openSUSE, Fedora, CentOS, Gentoo u. a.

DOS (Disk Operating System)
Betriebssystem der Firma Microsoft für IBM-PCs; in den 1980er und frühen 1990er Jahren der De-facto-Standard; Vorgänger des Betriebssystems Windows.

Embedded Systems
„Eingebettete Systeme"; in der Regel die Kombination aus minimalistischer, preiswerter Hardware mit einfachen, abgespeckten Betriebssystemen. Typisches Beispiel für Embedded Systeme sind Router, aber auch Smartphones und Tablets.

FHS (Filesystem Hierarchy Standard)
Vorschriften zur Verzeichnisstruktur auf Linux-Systemen mit dem Ziel der Standardisierung; aktuelle Version ist 2.3, spezifiziert im Januar 2004.

Fileserver
Ein zentraler Rechner in einem Netzwerk, der Dateien für die Benutzer zur Verfügung stellt.

Firmware
In die Hardware eingebaute Steuerungssoftware, die sich meist nicht ohne Weiteres verändern oder austauschen lässt.

Freax
Der ursprüngliche Namensvorschlag von Linus Torvalds für den Kernel seines Betriebssystems (Freax = Free + Freak + Unix). Dem Administrator des Fileservers an der Universität Helsinki, Ari Lemmke, missfiel der Name jedoch, weshalb er ihn in „Linux" (Linus' Unix) änderte.

Free and Open Source Software (FOSS)
Sammelbegriff für sowohl freie (im Sinne der FSF und des Copyleft) als auch lediglich quelloffene Software.

GID (Group Identification Number)
Eindeutige Nummer zur Bezeichnung einer Gruppe auf dem System.

Gnome
Sehr verbreitete Desktop-Umgebung, die das Gimp Toolkit GTK zur Darstellung der Fenster und ihrer Dekorationen nutzt.

GNU

1984 gegründetes und von Richard M. Stallman angetriebenes Projekt, das die Entwicklung und Verbreitung freier Software zum Ziel hat – und dabei sowohl ethische wie auch technische Motive verfolgt.

Hacker

Computer- insbesondere Sicherheitsexperte, der Schwachstellen in Systemen aufdeckt und behebt; nicht zu verwechseln mit dem *Cracker*, der seine Kenntnisse mit kriminellen Absichten einsetzt.

Hardware

Alle elektronischen und mechanischen Bauteile eines Computers oder Geräts; von Chips, RAM und Transistoren bis zu Festplatten, Laufwerken und Maus, Tastatur oder Monitor.

Hash

Über einen Algorithmus verschlüsselte Zeichenkette. Ein guter Hash-Algorithmus zeichnet sich dadurch aus, dass sich die dem Hash-Wert zugrundeliegenden Zeichen nicht oder nur mit sehr großem Aufwand erschließen lassen.

Howto

Schritt-für-Schritt-Anleitung zu einem bestimmten Thema oder Problem.

KDE (K Desktop Environment)

Sehr verbreitete Desktop-Umgebung, die die ursprünglich von der norwegischen Firma Trolltech entwickelten Qt-Bibliotheken verwendet.

Kennwort

Siehe Passwort

Kernel

Der Kern fast aller gängigen Betriebssysteme. Erledigt komplexe Verwaltungsaufgaben und fungiert als Schnittstelle zur Hardware.

LAMP

Die Kombination der Softwarekomponenten Linux (Betriebssystem), Apache (Webserver), MySQL (Datenbank) und PHP (Programmiersprache) auf Webservern.

Library

Siehe Bibliothek

Linux

Ursprünglich der Name des freien Betriebssystemkerns, heute auch die Bezeichnung für umfangreiche Gesamtsysteme aus Betriebssystem und Anwendungen. Einiger Verfechter freier Software bestehen auf der historisch korrekteren Bezeichnung GNU/Linux.

Load
Nach definierten Parametern errechnete Auslastung des Betriessystems zu einem bestimmten Zeitpunkt.

Login
Authentifizierung des Benutzers gegenüber dem Betriebssystem mit Benutzername und Passwort.

Logout
Das Abmelden, also Beenden, einer Sitzung durch den Benutzer selbst oder den Administrator.

Mac OS
Betriebssystem für Rechner der Firma Apple, dessen aktuelle Version X auf BSD (und damit auch auf Unix) basiert.

MS-DOS
Siehe DOS

Nerd
Etwas skurrile, technikbegeisterte Person („Computerfreak“); im FOSS-Umfeld auch die verbreitete, selbstironische Bezeichnung für Jugendliche.

Office-Suite
Sammlung von Programmen zur Dokumentverarbeitung. Beispiele: OpenOffice, LibreOffice, Microsoft Office u. a.

Open Source
Als „Software aus offene Quellen“ (Open Source Software) gilt Software, bei der die Allgemeinheit jederzeit auch auf den zugrundeliegenden Quelltext zugreifen darf. Die genauen Modalitäten regeln eine Vielzahl teilweise sehr unterschiedlicher Lizenzen wie die GPL, LGPL oder die BSD-Lizenz.

Operating System (OS)
Siehe Betriebssystem

Paket
Zusammenfassung einer Software und ihrer Meta-Daten in einem spezifizierten Format, das eine einheitliche Verwaltung und einfache Installation möglich macht.

Paketverwaltung
Spezielle, bisweilen sehr mächtige Software zur Paketverwaltung organisiert in Distributionen die Installation, Deinstallation und Updates von Software-Paketen.

Partition
Ein definierter Bereich auf einem Datenträger.

Passwort
Zeichenkette zur Authentifizierung eines Benutzers am Betriebssystem (siehe Login) oder für den Zugriff auf einzelne Dienste.

Quellcode/Quelltext
In einer Programmier- oder Skriptsprache geschriebene und damit für Menschen lesbare Grundlage von Programmen. Compiler oder Interpreter erzeugen daraus ausführbare Software.

Regression
Enthält aktuellere Software Fehler, die in der vorherigen Version noch nicht vorhanden waren, spricht man von Rückschritt oder engl. *Regression.*

Reverse Engineering
Übersetzt etwa: „umgekehrte Ingenieursarbeit"; die Analyse der Funktionalität einer Software mit dem Ziel, die Strukturen des zugrundeliegenden Quelltextes zu durchschauen.

Root
Siehe Administrator

Salt
Einem Hash ein wenig *Salz* hinzuzufügen, erhöht die Sicherheit des Hashes. Das Salt ist eine vorher definierte Zeichenkette, sie erhöht die Komplexität des möglichen Algorithmus und erschwert es Angreifern so erheblich, aus dem Hash auf die ursprüngliche Zeichenkette zu schließen.

Software
Alle Computerprogramme und Daten, die Anwender oder System zur Arbeit mit Hardware oder auch Daten benutzen.

Sourcecode
Siehe Quellcode

Swap
Auslagerungsbereich für Daten auf einem Datenträger durch Prozesse; droht einem Betriebssystem der Arbeitsspeicher auszugehen, kann es diesen Bereich nutzen, um weniger benötigte Daten kurzfristig zwischenzuspeichern (auszulagern). Linux nutzt meist eine Swap-Partition, MS Windows beispielsweise eine Auslagerungsdatei.

Systemverwalter
Siehe Administrator

Treiber
Software, mit deren Hilfe das Betriebssystem Hardware steuert.

UID (User Identication Number)
Eindeutige Nummer zur Bezeichnung eines Benutzers auf dem System.

Unity
Die Desktop-Umgebung der Distribution Ubuntu; Unity setzt auf die Bibliotheken Nux und Compiz und bedient sich außerdem teilweise bei Gnome, teilweise bei Qt (die 2D-Variante).

Unix
Eine Familie von Betriebssystemen, die in den 1960er Jahren vor allem in den Bell Laboratories und bei AT&T entstanden, und die zahlreiche, grundlegende IT-Konzepte teilen. Weil der Name „Unix" markenrechtlich geschützt ist, dürfen sich viele Varianten nicht Unix nennen, daher bezeichnet man Linux oder auch Mac OS als *unixoid*.

Update
Das Ersetzen einer Software oder einzelner Bestandteile durch aktuellere Versionen.

Webserver
Im Netzwerk erreichbarer Rechner, der Inhalte (zum Beispiel Webseiten) über das HTTP-Protokoll verfügbar macht.

Windows
Lange Zeit der De-Facto-Standard unter Betriebssystemen für PCs. Entwickelt von Microsoft; Nachfolger von MS-DOS. Von Windows gab es zahlreiche aufeinander folgende Varianten, zu den bekanntesten zählen Windows 3.11, 95, 98, XP, Vista, 7 und das kommende Windows 8. Für den Enterprisebereich brachte Microsoft Windows NT und 2000 heraus, ehe die beiden Produktlinien verschmolzen wurden.

Index